LES

ÉVÉNEMENTS DÉVOILÉS

PAR

UN ANCIEN ROSE-CROIX

Suite de ses

Révélations

1re ÉDITION

PARIS
BLOUD ET BARRAL, LIBRAIRES-ÉDITEURS
4, RUE DE MADAME, ET RUE DE RENNES, 59

AUJOURD'HUI ET DEMAIN

LES ÉVÉNEMENTS DÉVOILÉS

AUJOURD'HUI ET DEMAIN

LES

ÉVÉNEMENTS

DÉVOILÉS

PAR

UN ANCIEN ROSE-CROIX

Suite de ses

Révélations

1re ÉDITION

PARIS
BLOUD ET BARRAL, LIBRAIRES - ÉDITEURS
4, RUE DE MADAME, ET RUE DE RENNES, 59

LETTRE DE L'AUTEUR

A M. I. BERTRAND, ANCIEN IMPRIMEUR-ÉDITEUR

Mon cher ami,

En 1876, au lendemain des élections, vous avez bien voulu publier deux petites brochures où, sous une forme légère, j'indiquais, avec précision, la marche que devaient suivre les événements politiques dans notre malheureux pays.

Vous souvenant, le 16 mai 1877, de la justesse de mes prévisions, dans NOUS Y VOILA *et dans* LA LOGIQUE DU CÔTÉ GAUCHE, *vous me demandâtes ce que je pensais de la dissolution de la Chambre et des conséquences qui résulteraient de cette frasque du Maréchal.*

Pour toute réponse, je vous adressai les notes que vous crûtes devoir publier sous le titre aujourd'hui si connu de : RÉVÉLATIONS D'UN ANCIEN ROSE-CROIX.

Cette fois encore les faits me donnèrent raison.

Il fut alors démontré que je puisais mes renseignements à bonne source.

Loin de moi la sotte pensée de m'ériger en prophète. Vous savez mieux que personne, vous mon vieil ami d'enfance, que je n'ai jamais recherché ce genre d'illustration.

Vous connaissez mes longues relations avec le monde maçonnique. Je n'ai donc pas besoin de vous dire que les projets de la secte me sont connus.

Or, comme dans les questions politiques et sociales tout s'enchaîne suivant les lois d'une inflexible logique, il m'est facile d'annoncer les catastrophes qui nous menacent.

Le suffrage universel était, il y a quatre ans, le seul facteur qui pût me mettre en défaut.

Eh bien, ce facteur ne compte plus, attendu que le corps électoral, trompé par la presse et les agents du pouvoir, est incapable de voir où on le mène.

La bourgeoisie qui, avec son outrecuidance ordinaire, se donne le qualificatif ambitieux et grotesque de classe dirigeante, est frappée d'une cécité complète. Ceux de ses membres qui appartiennent aux Loges ne soupçonnent même pas ce qui les attend.

Ils jouent le rôle que jouait la noblesse en 1789, s'imaginant échapper au péril, grâce à leur initiation, qui n'en est pas une, et à la haine qu'ils professent pour le Cléricalisme; *encore un mot que Gambetta n'eût probablement pas trouvé dans son sac à malices, si de plus habiles que lui n'avaient eu soin de l'y placer.*

Maintenant, comme à la veille de notre première révolution, la Maçonnerie se compose de deux fractions absolument distinctes.

La première comprend l'élément bourgeois. Le F.·. Gambetta en reste le fantoche.

La seconde, plus avancée et plus logique, ne se borne pas à répéter : Le Cléricalisme, voilà l'ennemi !

Il fallait donner le change aux boutiquiers et aux riches ambitieux qui en sont encore à admirer Voltaire. Mais quelle pâture leur offrir, si ce n'est le clergé ? A quel orateur confier le soin de les rallier à la République, si ce n'est à Gambetta ? Le bourgeois, ne vous en déplaise, aime les repus, parce qu'ils lui ressemblent ; il admire l'éloquence des orateurs qui lui rappellent Mangin, parce qu'il éprouve le besoin d'être épâté, *suivant l'expression favorite du chef de l'*Opportunisme.

Le programme des Arrière-Loges ne s'arrête pas à cette guerre mesquine contre les cléricaux. Il va plus loin. Il embrasse la question sociale tout entière. Vous le trouverez exposé nettement dans les feuilles intransigeantes, et dans les programmes au bas desquels les députés de l'extrême gauche ont apposé leurs noms.

Les membres de l'Union républicaine ont eux-mêmes pris des engagements qu'ils s'efforceront vainement d'éluder, quelque envie qu'ils en aient.

Ils ont été amenés là par leurs comités électoraux qui trouveront le moyen de les faire obéir.

La lutte est engagée entre les modérés et les intransigeants, et cette lutte ne finira que par l'écrasement de l'un des deux partis.

Voilà, mon cher ami, quelle est la situation.

En écrivant ces pages, j'ai voulu : 1° démontrer, preuves en main, que tout ce que j'avais prévu, en 1876, s'est réalisé à la lettre; 2° faire connaître, en retraçant l'histoire de leur passé, les principaux acteurs du drame auquel nous assisterons bientôt ; 3° indiquer la marche que suivront les événements ; 4° vous faire pressentir le résultat final du combat sans trêve ni merci que se livreront les frères ennemis des Loges maçonniques.

Comme par le passé, je confie ces notes à votre discrétion. Votre affection m'est trop connue, pour que je ne compte pas aveuglément sur vous.

On a fait, je le sais, une peinture exagérée des vengeances que les sociétés secrètes exercent contre ceux qui s'avisent de dévoiler leurs projets ténébreux.

Cependant, je dois tenir compte, en écrivant les choses qui vont suivre, du fanatisme de certains adeptes.

Les attaques nocturnes se multiplient, et vous reconnaîtrez avec moi que toutes n'ont pas le vol pour mobile.

Et puis, il y a le commerce des petits papiers!

Vous savez que Gambetta et ses amis en ont fait, ces temps derniers, un usage fréquent. Demandez plutôt à MM. Duportal, Ordinaire, Rochefort et Tony-Révillon.

Ce genre d'assassinat est de tradition maçonnique. Les Illuminés d'Allemagne et les Martinistes français l'avaient érigé en principe.

*Les Maçons de l'*Opportunisme *trouvent qu'il a du bon et s'en servent sans beaucoup de scrupule.*

Veuillez croire, cher ami, à l'affection de celui qui fut et sera toujours votre bien dévoué.

X***

Ancien Chev.·. R.·.+.·.

RÉPONSE DE M. I. BERTRAND

A M. X***

Mon cher ami,

Merci de la confiance que vous me témoignez. Vos *notes* seront publiées avec le concours de MM. Bloud et Barral, les deux jeunes éditeurs à l'intelligence et à l'activité desquels nous devons en partie le succès de vos *Révélations*.

Vous pouvez vous en rapporter à moi pour la révision de vos épreuves et les divers détails qui ont trait à l'impression.

Soyez donc sans inquiétude à ce sujet, et croyez-moi votre bien dévoué.

I. BERTRAND.

PREMIÈRE PARTIE

Où l'on voit que, sans être prophète, on peut prophétiser.

Je ne voudrais pas que l'on me prît pour un continuateur de Nostradamus ou de Matthieu Laensberg, et, cependant, j'éprouve le besoin de rappeler à mes lecteurs que, dès le 20 février 1876, j'ai prévu d'une manière précise les événements dont nous sommes les témoins.

Voici ce que j'écrivais alors dans une petite brochure intitulée : *Nous y voilà* (1) :

« La majorité de la Chambre se compose de radicaux plus ou moins intransigeants.

« Rien du Centre gauche !

« Cet ancien groupe, dans lequel se personnifiait M. Prudhomme, est à peu près annihilé.

« Il reste bien Léon Say, Dufaure et Léon Renault; mais ils ne feront pas long feu.

« Après avoir vécu ce que vivent les roses, ces représentants de la république modérée iront rejoindre les vieilles lunes qui leur servaient de satellites, *à moins qu'ils n'emboîtent le pas aux radicaux;* ce qui me semble difficile, car M. Dufaure est trop vieux pour supporter les marches forcées, et Léon Say a trop de ventre. »

(1) Cette brochure parut le 4 mars 1876.

M. Dufaure voulut *suivre* la majorité comme premier ministre; mais il s'avoua bientôt qu'il avait été présomptueux.

Cela dit, je poursuis mes citations :

« Quelle sera l'attitude des ministres en présence de la majorité ? me demandais-je quelques pages plus loin.

« On peut affirmer sans hésitation qu'ils n'affecteront pas des poses de vainqueur.

« N'importe, leur feinte humilité ne servira de rien. Quoi qu'ils fassent, une crise ministérielle éclatera sous peu.

« C'est alors que naîtront pour le Maréchal d'inextricables difficultés.

« S'il fait appel au DÉVOUEMENT des gauches, son gouvernement cessera par là même d'être conservateur. S'il choisit ses ministres parmi les membres de la minorité, il méconnaîtra les *règles* du parlementarisme, et sa situation ira en empirant.

« RESTERA LA DISSOLUTION COMME RESSOURCE IN EXTREMIS.

« Oui, sans doute; mais ce moyen de pacification est en général peu efficace.

« Quatre-vingt-dix-neuf fois sur cent, le pays inflige un blâme catégorique au pouvoir exécutif en lui renvoyant les mêmes hommes.

« *Pendant que ces tiraillements auront lieu, l'industrie chômera, le commerce sera sur les dents*, et les rentes de M. Prudhomme baisseront d'une manière alarmante. L'ouvrier, qui rêvait du paradis terrestre, en votant pour Clémenceau et Barodet, n'aura plus de travail et méditera des projets de vengeance contre les *cléricaux*, qui ne seront pour rien dans sa détresse. »

Si j'avais écrit en 1878, aurais-je pu tracer un tableau plus fidèle de notre situation industrielle et commerciale après le 16 mai ?

Un peu plus loin, je faisais les réflexions que voici :

« Poussé par les exigences du parti radical, dont le programme est de bouleverser nos institutions et de persécuter le catholicisme, à l'exemple de la Suisse et de nos bons amis les Prussiens, le Maréchal se décidera-t-il à faire un coup d'Etat?

« Il aurait, pour justifier sa conduite, le fameux aphorisme de Napoléon III, aphorisme que tout le monde connait et que l'ex-empereur formula en ces termes : *Je suis sorti de la légalité pour rentrer dans le droit.* Mais, étant donné le caractère de Mac-Mahon, on ne peut ni craindre ni espérer une éventualité de ce genre.

« — Eh bien, alors?

« — Eh bien, alors, de deux choses l'une : ou il se fera le très humble serviteur de la majorité, ou il cédera le pouvoir à un homme politique moins scrupuleux que lui. »

Me suis-je beaucoup trompé?

J'ajoutais ce qui suit, après le passage qu'on vient de lire :

« Le Génois de Cahors peut être considéré comme le successeur probable du duc de Magenta. M. Prudhomme s'y attend un peu. Il se console de l'événement qui le menace, en pensant à part lui que si Gambetta prend des allures démagogiques, c'est uniquement pour flatter le populaire, et qu'il n'en reste pas moins conservateur.

« On prétend, en effet, rue du Sentier, que, depuis 1870, le futur président de la République ne manque pas de linge. On va même jusqu'à parler de la *villa* que ses ascendants ont fait construire à Nice, preuve palpable que le régime républicain n'a rien de menaçant pour le droit de propriété. M. Prudhomme rappelle, en outre, avec un orgueil mal contenu, que le girofle et la cannelle ont embaumé le berceau du *grand orateur* et ne sont probablement pas étrangers à sa fortune politique.

« Par malheur, ces divers motifs de sécurité reposent sur une base peu solide, attendu que Bilboquet et Robert

Macaire n'aiment pas les gens qui ont pignon sur rue.
« L'ex-culotteur de pipes n'ira guère au delà de six mois, Spuller deviendra suspect, et Challemel le *fusillard* sera traité de *mufle* (1). »

Mes prévisions ne se sont pas réalisées à la lettre, mais il s'en faut de peu. Le Maréchal ayant dû quitter le pouvoir avant 1880, Gambetta n'a pas osé poser sa candidature à la présidence. Il s'est arrangé de façon à pousser M. Grévy au pouvoir, en même temps qu'il prenait ses mesures pour recueillir sa succession à la Chambre des députés. Le madré Génois espérait que, grâce à son nouveau rôle, il échapperait aux périls qu'entraîne toujours une politique active, et conserverait assez de popularité pour que rien ne pût entraver ses vues ambitieuses.

Une attente de sept ans est longue sans doute, mais, en république, il est toujours facile de culbuter le chef du pouvoir exécutif et de faire d'un septennat un simple *triennat*.

Quoi qu'il en soit, Gambetta se regarde comme l'héritier présomptif de Jules Grévy. Peut-être même espère-t-il que la succession ne tardera pas à s'ouvrir. Ne serait-ce pas pour hâter la chute du président que l'Horatius Coclès de l'Opportunisme, oubliant toute mesure, a poussé le ministère dans la voie de la persécution sans trêve ni merci ? Il est assez intelligent pour savoir qu'un pouvoir s'use vite à ce métier, quelle que soit sa force. Peut-être même suppose-t-il que M. Grévy, dégoûté du rôle que lui font jouer les Ferry et autres Constans que la Chambre lui impose, imitera le Maréchal et rentrera dans la vie privée.

(1) *Nous y voilà!* pages 9 et suiv. (1876).

C'est alors que l'ami du voleur Ferrand apparaîtra de nouveau sur la scène, affirmant qu'il est prêt à sauver le pays, si on l'exige de son dévouement.

∴

Quelques jours après la dissolution de la Chambre, je publiais mes *Révélations* sur la Franc-Maçonnerie. Sans trancher la question, je considérais comme probable la réélection d'une assemblée démagogique; car mon opinion sur ce point était la même qu'en 1876. Puis je me livrais à diverses considérations que je crois utile de rappeler à mes lecteurs.

« Supposons, disais-je, que le Président se retrouve, en octobre prochain, en face de la même majorité. Qu'arrivera-t-il ? Nous verrons se renouveler, pendant un mois ou six semaines, les scandales qui ont attristé la France en 1876, lorsqu'eut lieu la vérification des pouvoirs.

« Les débats seront d'autant plus violents que le gouvernement se trouvera mêlé, cette fois, à la lutte des partis.

« *Pourra-t-on voter le budget ? Il est permis d'en douter, la Chambre ne voulant ni du Maréchal ni de son ministère.*

« Le conflit qui vient d'éclater renaîtra plus aigu et compromettra les intérêts du pays. »

Puis j'ajoutais :

« Comme un pareil état de choses ne saurait être de longue durée, on se demande par quels moyens la France arrivera à sortir de cette impasse.

« Ces moyens sont au nombre de deux :

« 1° La retraite du Maréchal, volontaire ou forcée;

« 2° La dissolution de la nouvelle Chambre, ou la conversion du Pouvoir et du Sénat aux doctrines radicales. »

Je supposais ensuite que le Maréchal resterait au pouvoir jusqu'en 1880, et je me demandais si on se déciderait à dissoudre la nouvelle Chambre. Voici quelle était ma réponse :

« Cette mesure remettra tout en question, mais ne résoudra rien ; car, le parti républicain n'obéissant qu'à son irritation et les conservateurs continuant à rester au coin de leur feu le jour des élections, les mêmes hommes seront réélus à quelques exceptions près. »

Restait la seconde hypothèse :

« J'ai encore supposé, disais-je, le cas peu vraisemblable où, le Pouvoir exécutif et le Sénat se convertissant aux idées politiques de la Chambre, il n'y aurait plus aucun dissentiment.

« *Nous verrions alors tout le monde se mettre à l'œuvre et expérimenter le programme que mes lecteurs connaissent* (1). »

Ce paragraphe de mes *Révélations* m'a valu, par l'intermédiaire de mon éditeur, une dizaine de lettres fort désobligeantes, où l'on mettait mon patriotisme en suspicion, parce que je considérais comme possible la défection du Sénat et du Pouvoir exécutif. On voit maintenant que j'avais quelque raison de ne pas être entièrement rassuré de ce côté-là, quelque effort que je fisse pour me tranquilliser.

Tout s'est passé comme je l'avais prévu. Le parti radical a triomphé, grâce à l'imprévoyance du bourgeois voltairien.

Le Pouvoir, oubliant ses propres intérêts, a cédé aux impérieuses exigences des gauches. Voyons si je

(1) *Révélations d'un ancien Rose-Croix*. Typ. des Célestins, Bar-le-Duc.

me suis trompé sur les conséquences de cet événement.

Je m'exprimais ainsi à propos de cette question :

« Nous allons voir se renouveler les scandales parlementaires auxquels a donné lieu, en 1876, la vérification des pouvoirs. L'Europe sera témoin de scènes écœurantes. M. Grévy tentera vainement de modérer ses troupes (1). La Chambre ne tardera pas à être un *fac-simile* parfaitement réussi des réunions publiques de Belleville.

« Les uns proposeront l'invalidation en masse de tous les candidats officiels. *Gambetta se bornera peut-être à demander le renvoi dans leurs foyers de quatre-vingts conservateurs,* afin que sa prophétie sur les 363 revenus 400 se réalise à la lettre. *Et la voix de Gambetta sera écoutée* (2).

« La droite ne se laissera pas exécuter sans mot dire. Aux invectives de la gauche elle répondra par de sanglantes apostrophes, et, si Gambetta ne se décide pas à rendre compte des millions disparus sous sa dictature, c'est qu'il refusera d'obéir aux conservateurs.

« *Pendant que les élus du suffrage universel se prendront aux cheveux, les affaires commerciales seront frappées de paralysie.* L'industrie chômera, les faillites se multiplieront, à Paris surtout. Certains manufacturiers et bon nombre de commerçants que je pourrais nommer se réjouiront *in petto* à la vue de ce gâchis et prieront leurs créanciers de les laisser tranquilles. Les gens naïfs, qui n'y comprenaient rien quelques mois auparavant, s'expliqueront alors avec facilité le zèle démocratique de leurs débiteurs au moment de la période électorale. »

Qu'en disent les boutiquiers ultra-républicains du quartier des Jeûneurs? N'ai-je pas envisagé la question sous son véritable point de vue?

(1) Il était encore alors président de la Chambre.

(2) C'est ainsi, on s'en souvient, que les choses se sont passées.

Je faisais suivre le passage qu'on vient de lire des réflexions que voici :

« Croyez-vous que cette nouvelle et coûteuse expérience ouvrira les yeux du peuple? Assurément non. Quelles que soient les énormités dont la gauche se rendra coupable, les foules n'hésiteront pas à affirmer que la responsabilité des événements doit retomber tout entière sur les *cléricaux* et le pouvoir. Le bourgeois révolutionnaire, qui a perdu le peu de bon sens qui lui restait au contact de la politique et des journaux, sera du même avis.

« Malheureusement des *symptômes précurseurs ne tarderont pas à révéler aux yeux des moins clairvoyants l'existence du péril social que l'on s'obstine à traiter de chimère.* »

Ce péril existe maintenant, et la plupart de ceux qui refusaient de le voir sont contraints d'avouer qu'ils se faisaient illusion.

⁂

Dans la petite brochure qui a pour titre : *Nous y voilà*, et que j'ai déjà citée, je supposais que M. et Mme Prudhomme, les deux personnages légendaires d'Henri Monier, assistaient à une séance du Corps législatif.

C'était en 1876.

L'enseignement clérical était à l'ordre du jour.

Voici le compte rendu que je faisais de cette séance imaginaire :

« Tout présageait une tempête.

« Un orateur de la gauche, voulant porter un dernier coup aux doctrines ultramontaines, ne craignit pas d'afficher un matérialisme abject.

« M. Prudhomme, dont le voltairianisme mitigé est naturellement antipathique aux excès de langage, s'étonne que l'on ose exposer de semblables théories dans le *temple des lois*. Il comprend d'une manière instinctive ce que la suppression de l'âme peut avoir de dangereux pour l'ordre social.

« — Ces gens-là vont trop loin, ne cesse-t-il de répéter. Je suis d'avis, sans doute, qu'il faut arrêter les empiètements du cléricalisme; mais il me semble que corriger et supprimer sont deux choses bien différentes.

« M. Prudhomme en était là de ses réflexions, quand l'orateur qui occupait la tribune crut devoir citer à l'appui de sa thèse l'opinion d'un professeur de Montpellier.

« — *Il n'y a pas de différence*, s'écria-t-il, et, en parlant « ainsi, je m'appuie sur l'autorité d'un savant dont le nom « vous est connu, *il n'y a pas de différence entre l'homme et « l'animal...... Un orang-outang est plus intelligent qu'un na- « turel de la terre de Van-Diémen.*

« Si donc, citoyens, l'existence de l'âme est une simple « hypothèse, et elle ne peut être que cela, vous devez « supprimer dans nos écoles toute espèce d'enseignement « religieux. »

« Un immense hourrah retentit dans la salle. L'orateur était à peine au bas de la tribune, que les *sans-âme* de la gauche se précipitèrent vers lui et l'étreignirent tendrement.

« La séance fut suspendue pendant quelques minutes. Des conversations animées s'établirent alors dans les tribunes.

« Mme Prudhomme, qui avait parfaitement saisi le lambeau de discours que je viens de citer, était dans un état voisin de la stupéfaction.

« — Ainsi donc, disait-elle tout haut, en se parlant à elle-même, s'il faut en croire les savants, nos ancêtres auraient appartenu.....

« — A la famille des singes, reprit un voisin facétieux. »

L'interlocuteur que je faisais intervenir ici racontait alors à Mme Prudhomme les origines simiennes de l'homme. Son récit était une critique, ai-je besoin de le dire ? du matérialisme de notre époque.

Je m'abstiens de citer ce morceau qui n'a aucun rapport avec mon sujet, et j'arrive au passage où le voisin de Mme Prudhomme annonçait d'une manière précise, mais sans quitter le ton de la plaisanterie, la marche qu'allaient suivre les événements politico-religieux.

Je reprends ma citation :

« Sur ces entrefaites l'assemblée rentrait en séance et décidait que l'enseignement serait désormais *gratuit, laïque* et *obligatoire.*

« — Cette loi en appelle une autre, dit aussitôt le spectateur qui avait si vivement intéressé Mme Prudhomme.

« — Et laquelle donc? demande avec anxiété le naïf et solennel *époux* de cette dernière.

« — La Chambre a proclamé la déchéance du père de famille, qui désormais ne pourra plus inculquer à sa progéniture les préjugés qu'il a reçus en héritage.

« L'enfant devient la propriété de la République ; ce qui fait qu'à l'avenir l'Etat se chargera de pourvoir à sa nourriture intellectuelle..... »

Ici l'interlocuteur du ménage Prudhomme faisait un tableau aussi fantaisiste que séduisant de la félicité dont nous jouirons bientôt, grâce aux réformes que nous prépare la République. Puis il s'écriait en manière de péroraison :

« — Le printemps sera perpétuel et notre bonheur inaltérable.

« Nous n'éprouverons plus que de tendres sentiments, les seuls qui ne soient pas indignes du cœur humain. »

« Mme Prudhomme, vivement attendrie, ne put s'empêcher

de regarder son époux avec émotion. Un lointain souvenir de sa lune de miel lui traversa l'esprit.

« Une courte pause suivit la tirade de l'orateur qui, de son côté, paraissait fort ému.

« M. Prudhomme fut le premier à rompre le silence :

« — Les espérances que vous nous faites concevoir, dit-il, sont des plus rassurantes ; mais nous voudrions savoir quelle marche vont suivre les événements qui serviront de préface à l'ère de bonheur que vous nous promettez ?

« — Rien n'est plus facile.

« La majorité de nos représentants s'apprête à nous gratifier tout d'abord des réformes suivantes :

« 1° Suppression du budget des cultes (1) ;

« 2° Retrait de la loi sur l'enseignement supérieur (2) ;

« 3° Réglementation, dans le sens révolutionnaire et athée, de l'enseignement secondaire (3) ;

« 4° Proclamation de l'enseignement *gratuit*, *laïque* et *obligatoire* dans les écoles communales (4) ;

« 5° Proscription des communautés religieuses (5) ;

« 6° Suppression du culte public (6) ;

« 7° Mise au rancart du mariage religieux (7) ;

(1) On sait que cette question est à l'étude. Tout fait supposer que la séparation de l'Eglise et de l'Etat sera mise à l'ordre du jour en 1882. Or qui ignore que la séparation de l'Eglise et de l'Etat aura pour conséquence logique la suppression du budget des cultes ?

(2) Le retrait pur et simple de cette loi n'ayant pas été possible à cause de la résistance du Sénat, les 363 acceptèrent une transaction qui équivaut, ou à peu près, à la suppression des universités catholiques.

(3) Les principes sont posés. Le corps enseignant pourra, quand il le voudra, en faire l'application.

(4) Ici encore tout s'est passé comme je l'avais prévu.

(5) Il m'eût été difficile d'annoncer avec plus de précision l'application des fameux décrets.

(6) Cette suppression n'est encore que partielle. Mais je crois pouvoir affirmer qu'on n'en restera pas là.

(7) Des tentatives sont faites dans ce sens, à Paris surtout. Quand l'opinion publique sera suffisamment préparée, on modifiera notre législation sur ce point.

« 8° Interdiction plus ou moins déguisée des sépultures ecclésiastiques au profit des enfouissements civils (1) ;

« 9° Liberté absolue de la presse antireligieuse (2) ;

« 10° Droit illimité de réunion et d'association toutes les fois que les catholiques ne voudront pas en user (3);

« 11° Réforme de l'impôt (4) ;

« 12° Liberté des cabarets et autres lieux de moralisation à l'usage du peuple (5).

« — La loi qui vient de sortir de l'urne, continua le voisin

(1) Je n'ai pas voulu parler ici d'une interdiction légale. Je savais que l'on chercherait à favoriser les enterrements civils, et que l'on permettrait à cette occasion les manifestations les plus antireligieuses. C'est ce qui est arrivé. J'ajoute que les catholiques tenteront vainement d'avoir des cimetières à eux. On opposera à leurs demandes un refus absolu, en même temps que l'on interdira au prêtre de procéder à la sépulture des fidèles, revêtu d'ornements sacerdotaux, afin de ne pas offusquer la conscience des libres-penseurs.

(2) Qui ne sait qu'aux termes de la nouvelle loi sur la presse on peut outrager impunément les cultes reconnus et la Divinité elle-même ?

(3) Cette liberté existe pour la Franc-Maçonnerie et autres sociétés plus ou moins occultes. La dispersion violente des communautés religieuses et la fermeture arbitraire des maisons d'éducation fondées par des sociétés civiles prouvent de la manière la plus évidente que je connaissais le programme de la secte.

(4) C'est le seul point au sujet duquel on puisse dire que les faits n'ont pas encore justifié mes prévisions. Qu'il me suffise de répondre à ceux qui voudraient me trouver en défaut, que nous ne perdrons rien pour attendre. Je connais les doctrines économiques du pouvoir occulte auquel ministres et députés obéissent docilement. Ces doctrines ne tarderont pas à passer dans le domaine des faits, à moins que les événements que je prévois, mais dont je n'ose parler encore, ne viennent briser les espérances des Arrière-Loges.

(5) Mes lecteurs savent que les Chambres nous ont octroyé la liberté des cabarets.

Quant à la liberté des *autres lieux de moralisation*, on se prépare tout doucement à nous la donner. Les journaux avancés du parti demandent chaque jour que la prostitution ne *soit plus réglementée*. Le succès de leur campagne n'est pas douteux. En 1883 la police des mœurs aura cessé d'exister.

Nota. — V. *La logique du côté gauche*, pages 6 et 7.

de Mme Prudhomme, devra être appliquée dans toute son étendue et avec une sévérité démocratique (1).

« Cependant, comme le peuple souverain est généreux, on procèdera tout d'abord avec poids et mesure

« Les conseils municipaux auront le droit d'expulser les congréganistes qui sont chargés en ce moment des écoles communales. Dans quelques localités, pour des raisons diverses, MM. les administrateurs se feront tirer l'oreille. Il en est parmi eux qui n'ont pas encore secoué les préjugés de leur enfance.

« En ce cas, le conseil municipal sera dissous et remplacé par une commission qui comprendra mieux ses devoirs civiques.

« Si ce moyen ne suffisait pas, il nous resterait une dernière ressource, celle de provoquer un scandale au sein de la communauté récalcitrante, que l'on supprimerait alors administrativement (2).

« Comme, dans une république bien entendue, il faut avant tout pratiquer l'égalité, on interdira le port du costume religieux. D'ailleurs, la vue de ces emblèmes que les prêtres ont imaginés afin d'en imposer au peuple pourrait exciter des troubles dans la rue et devenir un danger public (3).

« Rien ne justifiant plus l'existence des communautés, et

(1) Les parents assez mal avisés pour méconnaître les dispositions de la loi sur l'enseignement primaire pourront être successivement condamnés à l'amende et à la prison.

(2) L'on a fait une large application de cette théorie. Les religieuses étaient sans cesse accusées, dans les journaux, de faire griller sur des poêles chauffés à blanc les petites filles revêches et paresseuses. Les procès auxquels ces calomnies ont donné lieu sont encore présents à toutes les mémoires. On prétendait aussi que les frères avaient l'habitude de frapper leurs élèves au point de leur briser les os ou de les rendre idiots. Comme on le voit, j'avais tracé d'avance un tableau aussi exact que possible du plan de campagne qui devait être suivi.

(3) Le gouvernement a eu plusieurs fois la pensée d'interdire non seulement aux religieux, mais encore aux prêtres séculiers le port de leur costume ailleurs que dans l'église. Je connais plusieurs diocèses où les évêques ont dû se préoccuper de cette question.

toute association occulte étant réprouvée par la loi, les congrégations religieuses devront être dissoutes. L'Etat sera leur héritier naturel (1).

« Plus de processions ni de pèlerinages. Les cloches de nos clochers devront rester muettes...

« La famille elle-même subira une transformation ; car j'ai ouï dire par des hommes bien renseignés que le divorce sera admis dans notre future législation (2). »

« A ces mots M. Prudhomme eut un mauvais sourire. Mme Prudhomme, qui s'en aperçut, allait faire un éclat, lorsque le président prononça la phrase sacramentelle : *La séance est levée* (3). »

Le programme que j'indiquais comme devant être celui de la nouvelle Chambre n'avait rien de conjectural. J'en connaissais l'existence et je le disais nettement. J'annonçais de plus que les futurs 363 le voteraient avec une docilité servile.

Voulant donner à mes renseignements une précision mathématique, j'annonçais encore dans la brochure intitulée : *Nous y voilà :*

1° *Que l'on voterait l'obligation du service militaire* POUR TOUS SANS EXCEPTION ;

2° *Que l'on remplacerait le scrutin d'arrondissement par le scrutin de liste* (4).

(1) D'après un projet déjà connu, on ne se bornerait pas à confisquer les biens des communautés. L'Etat s'approprierait en outre les palais épiscopaux, les cures, les séminaires, les églises, etc.

(2) Le projet de loi de M. Naquet en faveur du divorce a été repoussé par la Chambre, non point à cause des atteintes que cette loi devait porter à la famille et aux bonnes mœurs, mais parce que beaucoup de députés craignaient en la votant de se compromettre auprès de leurs électeurs.

(3) *Nous y voilà*, pages 12 et suivantes. BAR-LE-DUC, *typographie des Célestins*, 1876.

(4) *Révélations d'un ancien Rose-Croix*, pages 83 et 86. — Juillet 1877.

Sur le premier point, l'événement est venu justifier mes prévisions. On sait que la Chambre a émis un vote aux termes duquel les séminaristes devront passer une année sous les drapeaux. Les prêtres eux-mêmes ne seront pas dispensés du service militaire.

Quant au scrutin de liste, le Sénat ne l'a repoussé que grâce au voyage de Cahors et aux allures dictatoriales de celui qui devait en bénéficier.

Mon but, en écrivant les quelques pages qu'on vient de lire, a été de prouver que je puisais mes renseignements à une source absolument sûre en 1876 et en 1877.

Je crois que la démonstration est faite.

A mes lecteurs de voir si les avertissements que je leur donnerai dans la troisième partie de cet ouvrage méritent ou non la confiance des hommes sérieux.

DEUXIÈME PARTIE

LES HOMMES DE LA DÉFENSE NATIONALE

I

Où l'on démontre en peu de mots que la seconde partie de ce livre n'est pas un hors-d'œuvre.

Lorsque vous avez besoin d'un employé, d'un caissier, par exemple — je suppose que vous êtes négociant — quelles sont les précautions que vous prenez avant d'agréer le postulant qui vous offre ses services?

Vous vous faites tout d'abord donner des références.

Puis vous cherchez à savoir :

1° S'il possède les connaissances professionnelles ou techniques que vous êtes en droit d'exiger de lui;

2° Si sa moralité — en prenant le mot dans son acception la plus large — n'a jamais été l'objet d'aucun soupçon injurieux.

Dans le cas où l'enquête à laquelle vous vous êtes livré n'aurait pas été satisfaisante, que ferez-vous?

Vous vous mettrez à la recherche d'un collaborateur dont le passé soit à l'abri de tout reproche.

Cela dit, je prends la liberté, chers lecteurs, de vous soumettre une question d'une simplicité presque enfantine.

Voilà, je suppose, un homme d'Etat auquel on peut dire, avec preuves à l'appui :

« Si vous parvenez à me prouver que vous n'êtes pas un FRIPON, il sera démontré que vous êtes un INCAPABLE. »

Admettez-vous que le corps électoral, s'adressant à ce même personnage, ait le droit d'ajouter, sans être taxé d'aliénation mentale :

« Vous êtes dans l'impossibilité absolue de vous justifier. Ce qui le prouve, c'est que vous n'avez point essayé de le faire, quelque intérêt que vous eussiez à paraître innocent. *Eh bien, nonobstant cela, je n'hésite pas, moi peuple souverain, à vous investir une seconde fois du* POUVOIR DONT VOUS AVEZ ABUSÉ AU DÉTRIMENT DE VOTRE PAYS ? »

Il me semble que poser la question c'est la résoudre.

Lisez attentivement les chapitres qui vont suivre, et vous verrez que cette hypothèse ressemble étonnamment à la réalité.

II

Où l'on voit que le patriotisme et l'abnégation des citoyens qui s'emparèrent du pouvoir au 4 septembre 1870 sont quelque peu surfaits.

Les républicains actuellement au pouvoir ne cessent de répéter que nous devons à l'Empire nos désastres de 1870-1871 (1).

(1) Je tiens à déclarer que je n'ai jamais été impérialiste. La plupart de ceux qui font actuellement du zèle, afin d'émarger au budget, ne pourraient pas en dire autant.

Si, en parlant des responsabilités de Napoléon III et de ses ministres, les politiques baladeurs auxquels je fais allusion veulent nous persuader qu'ils ne sont pour rien dans tout cela, je leur dirai, avec les égards qui leur sont dus : Vous mentez effrontément.

Oui, l'Empire est coupable.

Il est coupable d'avoir cédé à la pression que vous exerciez sur la Chambre, dans le but de mettre obstacle à la réorganisation de l'armée.

Il est coupable d'avoir suivi les inspirations de votre politique en faveur de l'unité italienne et de l'annexion des petits Etats de l'Allemagne au royaume de Prusse, notre ennemi traditionnel.

Il est coupable d'avoir molesté les catholiques, dans l'espoir de vous amadouer, oubliant que vous n'êtes satisfaits que lorsque vous pouvez arriver au pouvoir, n'importe par quel moyen, et fourrager impunément dans les caisses de l'Etat.

Il est coupable d'avoir entrepris une campagne aussi périlleuse que celle de 1870, avec une armée qui eût été digne de la France, si, par vos déclamations antipatriotiques, vous n'aviez pas empêché le maréchal Niel de la réorganiser.

Les torts de l'Empire, les voilà. Vous en partagez la responsabilité avec lui.

Parlons maintenant de vos crimes à vous.

Il est un sujet sur lequel vous ne tarissez pas : ce sujet, c'est le *patriotisme*. Vous seuls êtes *patriotes*, vous seuls aimez la France d'un amour désintéressé, héroïque.

Rappelez-vous donc le Quatre-Septembre, misérables hâbleurs, le Quatre-Septembre que vous avez perpétré en face de l'ennemi.

Vous ne savez donc pas que faire une révolution

sous les yeux d'une armée étrangère, c'est se rendre coupable de haute trahison?

Mais un acte semblable vous eût valu une promenade involontaire aux fourches de Montfaucon, à l'époque où le sens moral n'était pas encore oblitéré chez nous.

Sans que le suffrage universel soit intervenu, sans que les Chambres, alors réunies, vous aient investis d'un mandat quelconque, vous vous êtes emparés du pouvoir avec l'assurance de gens qui ne savent même plus ce que c'est qu'une responsabilité.

Vous prétendez que vous avez subi la pression morale du peuple parisien. Nous avons ramassé, dites-vous, un pouvoir tombé, mais nous n'avons commis aucune usurpation. Toujours le même refrain à l'usage des naïfs!

Qui donc ignore de nos jours que vous êtes aussi désintéressés que modestes?

Personne n'oserait vous accuser de monter à l'assaut des fonctions publiques.

Votre abnégation est telle, que Cincinnatus lui-même n'est plus, à côté de vous, qu'un vulgaire ambitieux.

Cela étant, nous allons étudier une question qui ne pourra manquer de vous intéresser, savoir : de quelle manière vous avez administré les deniers publics pendant la trop fameuse dictature de Tours et de Bordeaux.

Nous rappellerons également aux électeurs dont vous briguez la confiance ce que furent, en 1870, et votre patriotisme et votre austérité républicaine.

A tout seigneur tout honneur.

III

Où l'on voit que l'auteur, ayant à parler de Gambetta, commence par mettre sous les yeux de ses lecteurs le jugement qu'en ont porté deux écrivains dont le républicanisme n'a jamais été suspect.

On sait que, lorsque notre armée d'Orléans fut coupée en deux, Gambetta se hâta d'adresser aux départements non encore envahis une de ces proclamations amphigouriques dont il s'était fait une spécialité.

Il y déclarait, avec l'assurance d'un échappé de Bicêtre, que la France, au lieu de s'affliger d'un pareil événement, devait au contraire s'en réjouir. Savez-vous pourquoi? Parce que, disait-il, nous avons maintenant *deux armées au lieu d'une*.

C'est à la suite de ce dernier revers que M. P. Lanfrey écrivait ce qui suit dans la *Gazette du peuple* de Chambéry :

« Notre armée de l'Ouest a été battue et dispersée, notre armée de l'Est a subi un échec glorieux, mais très sensible à Nuits : plusieurs de nos meilleures places sont tombées dans les mains de l'ennemi. Paris, après trois jours de combats héroïques pour briser les lignes prussiennes, s'est de nouveau résigné à attendre que nous soyons prêts à lui tendre la main. Il endure héroïquement les privations qui doivent prolonger sa résistance.

« En présence de tant de douleurs et de sacrifices, notre devoir est clair, indiscutable; mais nous demandons à tous les hommes de bonne foi, si la direction de cet effort suprême *peut être laissé sans danger aux* MAINS INCAPABLES *qui ont si* mal conduit les opérations précédentes. Nous leur demandons s'il ne serait pas bon que la nation fût enfin appelée à surveiller des plans et des préparatifs qui sont pour elle une question de vie ou de mort. Personne n'ose plus aujourd'hui nier les fautes commises.

« On ne pourrait plus rappeler, sans une cruelle ironie, ce titre d'*Organisateur de la Victoire*, qu'un membre de la délégation de Tours s'était fait décerner un peu prématurément par l'enthousiasme de quelques sous-préfets. Que faut-il donc de plus? Devons-nous attendre que tout soit perdu *pour reconnaître qu'on s'est trompé en confiant la direction de la guerre à un* AVOCAT? L'expérience n'est-elle pas assez complète ? Cette dictature a-t-elle rencontré un seul obstacle? Fut-il jamais un peuple aussi docile, une opposition plus accommodante, une administration plus empressée!

« IL EST VENU, IL A MONTRÉ SON BALLON ET TOUT A ÉTÉ DIT. On a mis aussitôt à sa disposition toutes les ressources du pays en hommes et en argent.

« Nous avions trois mois de répit; c'était plus qu'il ne fallait pour organiser une armée terrible et redoutable. Les éléments ne manquaient point; ils ne demandaient qu'à être disciplinés. On a préféré lever d'énormes quantités d'hommes qu'on ne pouvait ni armer, ni équiper, ni nourrir. On a jeté partout le désordre et la désorganisation, tout en se gardant bien de rien changer à la vieille routine administrative et militaire. On a détruit la confiance du soldat par des destitutions sans motifs, bientôt suivies de réhabilitations sans effet. *On a fait des chefs d'armées avec des* JOURNALISTES DE TROISIÈME ORDRE; *on a livré nos emprunts aux* AVENTURIERS DE LA FINANCE; *on a confié des fonctions de la plus haute importance à des* BOHÈMES POLITIQUES, *qui parlent du matin au soir de faire des pactes avec la mort et qui ne font de pactes qu'avec* LEURS APPOINTEMENTS.

« Chacun est à même de juger de l'exactitude de ce tableau. Cependant nous n'avons pas encore signalé le côté le plus grave ; *on ne dit pas, on n'a jamais dit la vérité* au pays sur sa propre situation. Nous n'avons jamais su que par des journaux étrangers les nouvelles qu'il nous importait le plus de connaître ; c'est par eux seuls que nous avons appris successivement les chutes de Toul, de Verdun, de Schelestadt, de Neufbrisach, de la Fère, d'Amiens, et de Phalsbourg. Il y avait trois jours que l'Europe entière connaissait la triste capitulation de Metz et on nous entretenait encore des victorieuses sorties de Bazaine.

« On nous a raconté des sorties de Paris qui n'ont jamais existé que sur le papier ; on a fait figurer des troupes sur des points géographiques où elles n'ont jamais paru, et quand on *était forcé d'avouer une partie de la vérité, on avait soin de lui faire subir d'étranges transformations.* La retraite de l'armée de la Loire n'était, à tout bien considérer, qu'un MOUVEMENT STRATÉGIQUE qui avait l'avantage d'attirer l'ennemi loin de Paris. Quant à l'évacuation de Tours, *elle était une mesure résolue depuis près de deux mois.* Ce sera un jour une curieuse lecture que celle de ces bulletins qui ont été inaugurés par la fameuse légende des trois cercueils.

« C'est ainsi *qu'on s'est fait une popularité avec* DE FAUSSES VICTOIRES. La France était affamée d'espérance ; *on l'a traitée comme si elle était affamée de mensonges.*

« Il est temps d'en finir avec les déclamations, de mettre fin à ce *régime arbitraire d'impéritie, de dissimulation et d'impuissance.* Il est temps que la nation, qui a dû faire de si grandes choses, soit représentée par les hommes qu'elle aura jugés les plus capables de la conduire. Nous le demandions, il y a trois mois, au nom de la consolidation de la République : nous le demandons aujourd'hui au nom du salut de la France. Au reste, quel que soit l'accueil réservé à des vœux si légitimes, il n'est pas difficile de prévoir le jour où ils s'imposeront comme une nécessité. La France a subi bien des dictatures, mais il en est une qu'elle n'a jamais supportée longtemps, c'est la DICTATURE DE L'INCAPACITÉ. »

Il faut avouer que M. Lanfrey était dur pour le citoyen Gambetta.

Le vieux républicain n'hésitait pas à affirmer que nous étions *livrés à des mains incapables;* qu'il n'était *plus possible de nier les fautes commises;* qu'on ne pourrait plus donner au dictateur de Tours et de Bordeaux le titre d'*organisateur de la victoire* sans se livrer à une cruelle ironie ; que l'on s'était grossièrement trompé *en confiant la direction de la guerre à un avocat ;* que l'on aurait pu réunir une armée formidable, et que Gambetta avait, au contraire, jeté partout le désordre et la désorganisation ; qu'il avait détruit la confiance du soldat, en destituant sans motif et en réhabilitant sans savoir pourquoi ; qu'il avait fait des chefs d'armée avec des *journalistes de troisième ordre,* livré des emprunts à *des aventuriers,* confié les plus hautes *fonctions à des bohèmes,* dont la seule préoccupation était d'émarger au budget ; qu'il n'a *jamais dit la vérité au pays* sur sa propre situation ; que lorsqu'il était contraint de s'expliquer, il le faisait en *dénaturant les événements* de la façon la plus scandaleuse ; qu'il n'avait cessé de traiter la France comme si elle avait été *affamée de mensonges ;* que le régime que nous subissions était un *régime arbitraire d'impéritie, de dissimulation et d'impuissance.* Puis il résumait toute sa pensée en appelant le pouvoir exercé par l'homme de la guerre à outrance, la DICTATURE DE L'INCAPACITÉ.

Une autre célébrité, dont le républicanisme n'a jamais été mis en doute, Georges Sand, porta de son côté, sur le trop fameux dictateur, un jugement qui restera. Je me fais un devoir de le reproduire aussi, afin que mes lecteurs soient bien convaincus de l'impartialité de mes jugements sur les faits et gestes de l'homme qui nous gouverna en 1870, et qui aspire à nous gouverner de nouveau.

« *Alea jacta est.* La dictature de Bordeaux rompt avec celle de Paris. Il ne lui manquait plus, *après avoir livré par sa faute la France aux Prussiens*, que d'y provoquer la guerre civile par une révolte ouverte contre le gouvernement dont il est le délégué. Peuple, tu te souviendras peut-être cette fois de ce qu'il faut attendre des pouvoirs irresponsables ! Tu en as sanctionné un qui t'a jeté dans cet abîme, tu en as subi un autre que tu n'avais pas sanctionné du tout, et qui t'y plonge plus avant, grâce au souverain mépris de tes droits. *Deux malades, un somnambule et un épileptique* viennent de consommer ta perte. Relève-toi, si tu peux.

« L'occupation des forts par les Prussiens, dit cette cu-
« rieuse dépêche (de Gambetta aux préfets), semble indiquer
« que la capitale a été rendue en tant que place forte. La
« convention qui est intervenue semble avoir surtout pour
« objet la formation et la nomination d'une Assemblée.

« La politique soutenue et pratiquée par le ministre de
« l'intérieur et de la guerre (Gambetta) est toujours la même :
« Guerre à outrance, résistance jusqu'à *complet épuisement*. »

« Entends-tu et comprends-tu ? pauvre peuple ! Le *complet épuisement* est prévu inévitable, et le voilà décrété !

« *Employez donc toute votre énergie*, dit la dépêche en s'adressant aux préfets, à *maintenir le moral des populations !* » Le moyen est sublime : promettez-leur le complet épuisement, voilà ce que vous avez à leur offrir. Eh bien, c'est déjà fait. Vous avez tout pris et cela ne vous a servi à rien ! Il faut aviser au moyen de vider deux fois chaque bourse vide, et de tuer une seconde fois chaque homme mort.

« Viennent ensuite des ordres relatifs à la discipline : « *Les*
« *troupes devront être exercées tous les jours, pendant de longues*
« *heures, pour s'aguerrir.* » Il est temps d'y songer, à présent que celles qui savaient se battre sont prisonnières ou cernées ; et que celles qui ne savent rien du tout sont démoralisées par l'inaction et décimées par les maladies ! Ferez-vous repousser les pieds gelés que la gangrène a fait tomber dans vos campements infects !...

« Ressusciterez-vous les infirmes, les phtisiques, les mourants que vous avez fait partir et qui sont morts au bout de vingt-quatre heures ?... Rétablirez-vous la discipline dont vous vous êtes occupé tout récemment et que vous avez laissée périr comme une chose dont l'élément civil n'avait aucun besoin !...

« Mais voici le couronnement du mépris pour les droits de la nation. Après avoir décrété la guerre à outrance, le Ministre de l'Intérieur et de la Guerre, l'homme qui n'a pas reculé devant cette double tâche, ajoute : « *Enfin il n'est pas « jusqu'aux élections qui ne puissent et ne doivent être mises à pro- « fit.* » Et puis tout de suite vient l'ordre d'imposer la volonté gouvernementale — j'allais dire impériale — aux électeurs de la France : ce qu'il faut à la France c'est une assemblée *qui veuille la guerre et qui soit décidée à tout.*

« *Le membre du gouvernement qui est attendu* arrivera sans « doute demain matin. — Le Ministre — c'est de lui-même « que parle Gambetta — *le ministre s'est fixé un délai qui expire « demain à trois heures.* » C'est-à-dire qui si l'on tarde à lui céder, il passera outre et régnera seul... Le tout finit par un refrain de cantate :

« *Donc patience ! fermeté ! union ! courage et discipline !* »

« Voilà comme M. Gambetta entend les choses ! Quand il a apposé beaucoup de points d'exclamation au bas de ses dépêches et circulaires, il croit avoir sauvé la patrie. »

L'article de Georges Sand se terminait par cette réflexion qui en est comme le résumé :

« Nous avons bien le droit de maudire celui qui s'est présenté comme capable de nous mener à la victoire et qui ne nous a menés qu'au désespoir ! Nous avions le droit de lui demander un peu de génie, *il n'a même pas eu de* BON SENS (1). »

Voilà l'homme devant lequel les membres du gouvernement se sont inclinés jusqu'ici, dont M. Grévy

(1) *Revue des Deux Mondes*, avril 1871.

lui-même subit la pression, auquel des électeurs doués de quelque intelligence accordent leurs suffrages, qu'une partie de la bourgeoisie acclame, parce qu'elle s'imagine voir en lui le sauveur de la France. — Cet homme, ce fils d'étranger, dont l'acte de naturalisation ne remonte guère au delà de vingt ans, ne tardera pas à s'emparer du pouvoir suprême, avec la complicité de la Chambre et du Sénat.

Le jour où nous aurons à subir cette humiliation, les électeurs s'apercevront, mais un peu tard, qu'ils se sont laissé berner une fois de plus, et qu'une fois de plus ils devront subir les conséquences d'un engouement que rien ne justifie.

En 1871, la France écœurée éprouva le besoin de jeter à la porte les Mangins politiques dont le gaspillage et l'incapacité avaient failli nous perdre.

Mais ce beau mouvement d'indignation fut de courte durée ; elle oublia bientôt les responsabilités de tout genre que les aventuriers du Quatre-Septembre avaient assumées sur leurs têtes, grâce aux parlementaires irrésolus dont se composait en majorité la Chambre de 1871.

En présence d'un pareil état de choses, il est utile de rappeler au pays les énormités — j'allais dire les crimes — dont se rendirent coupables, en 1870-1871, les hommes qui ont de nouveau captivé sa confiance, après l'avoir odieusement trompé.

IV

Où l'on démontre que Gambetta n'a pas toujours la mémoire fidèle.

On se souvient encore des cris effarouchés que poussaient Gambetta, Jules Favre et consorts, à l'époque où ils étaient dans les rangs de l'opposition, chaque fois que la Chambre abordait le budget des dépenses, et, en particulier, le chapitre des traitements.

Ils versaient alors toutes leurs larmes de crocodiles sur le sort des contribuables obligés de pourvoir aux équipées financières du gouvernement.

Quel gaspillage ! Quel étalage de luxe !

La France était au pouvoir d'une affreuse camarilla de jouisseurs, qui prélevaient sur les sueurs du peuple les millions destinés à leurs plaisirs.

Et ils débitaient cela avec des airs d'indignation si bien joués, que les honnêtes gens finissaient par croire à leur sincérité.

Se souvenant, au 4 Septembre, qu'ils avaient posé pour la vertu avec une ostentation compromettante, ils se dirent qu'il y aurait imprudence à changer de rôle immédiatement et à laisser croire au peuple que leur austérité rappelait celle de Tartufe.

Pour mettre à l'abri de tout soupçon le désintéressement dont ils faisaient parade, sous le règne du tyran, les hommes de la *Défaite nationale* lancèrent un décret qui ramenait à soixante mille francs le traitement des ministres.

Ce décret porte la date du 1er octobre 1870.

Le 8 du même mois, le chiffre de soixante mille francs fut réduit d'une manière définitive à quarante-huit mille.

Sur ces entrefaites, on envoyait MM. Fourichon, Glais-Bizoin et Crémieux en province, avec mission d'y organiser la défense contre l'invasion étrangère.

Le grotesque le dispute ici à l'odieux.

Je me figure qu'en apprenant cette nouvelle, les Allemands durent rire de ce gros rire qui leur est particulier, au point de se décrocher les mandibules.

Le 7 octobre, Gambetta partait en ballon et allait prêter main-forte aux trois invalides sus-mentionnés.

Gambetta connaissait le décret qui réduisait à *soixante mille* francs les émoluments ministériels.

Il connaissait également celui du 8 octobre, qui les fixait d'une manière définitive à *quarante-huit mille* francs.

Ces décrets avaient été discutés en Conseil des Ministres et publiés avec l'assentiment de tous les membres du cabinet.

Or savez-vous ce qui est arrivé?

Le voici :

Le traitement du citoyen Gambetta a été payé, ainsi que celui de l'amiral Fourichon, sur le pied de *cent mille* francs, pour les derniers mois de 1870.

Le chiffre annuel de *cinquante mille* francs a été pris pour base des appointements alloués au Ministre de la Justice, qui a reçu, en outre, une indemnité de 60 francs par jour.

La Cour des comptes, scandalisée d'un pareil sans-gêne, a cru devoir demander quelques explications au sujet de cette irrégularité.

Voici quelle a été la réponse :

« Le décret du 8 octobre n'ayant été inséré dans le *Bulletin des lois* que le 16 février 1871, IL A DU ÊTRE IGNORÉ DES MINISTRES ABSENTS DE PARIS A CETTE DATE. »

Ainsi voilà Gambetta qui ignore un décret dont la teneur a été adoptée pendant qu'il exerçait, à Paris, les fonctions de Ministre de l'Intérieur !

Il faut être génois jusqu'à la trentième puissance pour trouver une réponse de cette force et s'imaginer que le public aura la naïveté de s'y laisser prendre.

M. Gambetta a donc perçu indûment, pour les mois de septembre, octobre, novembre et décembre 1870, une somme de 18.332 francs.

« Comment se fait-il, demande un courageux petit journal (1), que M. Gambetta n'ait pas encore restitué cette somme au Trésor?

« — Je croyais, répondait-il en 1877, l'avoir touchée légalement. »

« Cette réponse est certainement digne de faire pendant à celle du célèbre Bilboquet : *Cette malle doit être à nous.* »

Où l'on peut voir que, sous la dictature de Gambetta, l'emploi des fonds secrets était si secret que la Cour des comptes n'y a vu goutte.

Je ne crois pas que jamais personne ait jonglé plus adroitement que le petit-fils de l'allemand Gamberlé avec le *Bulletin des lois*. Vous ne savez peut-être pas

(1) *Comédie politique*, n° du 5 janvier 1879. *Lyon*, 30, *rue de la République*.

ce que c'est que Gamberlé? Permettez que j'ouvre une parenthèse pour vous renseigner sur ce point. J'emprunte ce détail à la *Comédie politique :*

« Depuis quelques années vivait à Paris un individu nommé Gamberlé et se faisant appeler Gambetta (Léon).

« Le grand-père de ce Gamberlé était un juif de Francfort (Allemagne).

« Après avoir consacré dix années de son existence à déclamer par les rues, en allemand, cette poésie sublime :

Vieux souliers, vieilles bottes, vieux chapeaux :
Y a-t-il rien à vendre par là-haut?

et à cueillir sur les tas d'immondices tudesques les vieux riblons, les épingles à cheveux réformées, les boutons en retrait d'emploi et les trognons de choux en état de vagabondage, Gamberlé père quitta un beau jour le pays de la choucroute pour aller se fixer dans celui du macaroni et de la pâte alimentaire.

« Arrivé à Gênes, Gamberlé Ier se maria.

« Les desseins de Dieu sont impénétrables, et je ne songe pas à les pénétrer; mais je ne puis m'empêcher de dire à la Providence, avec tout le respect que je lui dois, que jamais, même quand elle créa la peste, le choléra, la colique, l'oïdium, la vermine, les pianos, la maladie des pommes de terre, les punaises, les 363, les hannetons, les clarinettes et le phylloxera vastatrix, elle ne s'était montrée aussi cruelle pour la France que le jour où elle permit qu'une Génoise, qui, probablement, avait la vue basse, s'éprit des charmes personnels de l'ancien chiffonnier de Francfort.

« Car le misérable ne se contenta pas de se marier, il procréa.

« Son rejeton quitta l'Italie comme le premier des Gamberlé avait quitté l'Allemagne — car il est à remarquer que les gens de cette famille ne restent pas longtemps dans le même pays — et vint s'établir à Cahors, le pays des truffes.

« Il s'y maria aussi et procréa à son tour un fils auquel il donna le nom de Léon (1). »

Je disais donc que jamais personne n'a jonglé plus adroitement que le petit-fils de l'allemand Gamberlé avec le *Bulletin des lois*. Oyez plutôt. Lorsqu'on lui disait : Vous avez perçu indûment comme ministre une somme de 18.332 francs, que vous devez reverser au Trésor, Gambetta répondait avec cette assurance qui le caractérise : Pardon, le décret réduisant les émoluments des ministres n'ayant été inséré au *Bulletin des lois* que le 16 février 1871, c'est-à-dire cinq mois et demi après avoir été rendu, je ne suis tenu à rien ; CAR TOUT DÉCRET QUI NE FIGURE PAS AU BULLETIN DES LOIS DOIT ÊTRE CONSIDÉRÉ COMME NON AVENU. — Et d'une !

Mais voici autre chose :

Le 24 septembre 1870, le gouvernement de la *Défense nationale* décréta la suppression des fonds secrets, dont il considérait la mention comme déshonorante pour un budget républicain. Ces fonds s'élevaient au chiffre de deux millions. A la date du 24 septembre, 1 million 501.414 francs 75 centimes avaient été dépensés. Restaient donc 498.585 francs 25 centimes, dont pouvait disposer le gouvernement du Quatre-Septembre.

Après la guerre, la Cour des comptes a voulu savoir ce qu'était devenue cette somme.

Le ministre de l'intérieur, c'est-à-dire Gambetta, a fait connaître que la *décision du 24 septembre* 1870 *n'avait pas reçu d'application*, et avait d'ailleurs été abrogée par un décret du 26 décembre 1871.

(1) *Comédie politique*, n^{os} des 24 novembre et 1er décembre 1878, article intitulé : *Histoire tintamarresque du Quatre-Septembre.*

Et le rapporteur de la Cour des comptes ajoute philosophiquement :

« La Cour a pris acte de l'abrogation de l'arrêté du 24 septembre 1870 par le décret du 26 décembre 1871, QUI N'A PAS ÉTÉ INSÉRÉ AU BULLETIN DES LOIS. »

Et voilà ! On dit à Gambetta :

« En vertu du décret du 1er octobre 1870, vous êtes débiteur envers le Trésor de 18.332 francs. »

Et Gambetta répond :

« Mais nullement, ce décret ne m'oblige pas, car il n'a pas été inséré en temps utile au *Bulletin des lois.* »

Puis on ajoute :

« En vertu d'un arrêté du 24 septembre 1870, *arrêté* QUI A ÉTÉ INSÉRÉ au *Bulletin des lois*, vous devez rendre compte des 498.585 francs 25 centimes restant du chapitre des fonds secrets. »

Et Gambetta répond :

« Cet arrêté ne m'oblige pas, QUOIQU'IL AIT ÉTÉ INSÉRÉ au *Bulletin des lois*, car il a été abrogé par un décret du 26 décembre 1871.

« — Mais le décret sur lequel vous vous appuyez pour ne pas rendre compte de la somme en question n'a JAMAIS ÉTÉ INSÉRÉ au *Bulletin des lois.* Donc il est nul et sans valeur, de votre propre aveu. »

Et l'outrancier se contente ici, pour toute réponse, d'un haussement d'épaules qui signifie clairement :

« Vous êtes tous des crétins ! Ce décret serait nul, si on

pouvait l'invoquer contre moi; mais comme je puis, au contraire, l'opposer aux taquineries de la Cour des comptes, je soutiens que l'on n'a pas le droit d'en contester la légalité. »

Ce n'est pas plus malin que ça.

VI

Où l'on démontre qu'il faut être deux fois borgne pour traiter une affaire commerciale à la façon de Gambetta, à moins que l'on n'ait quelque intérêt à ne pas la traiter différemment.

Dans les derniers jours d'octobre 1870, selon toute probabilité, car la date précise est restée inconnue, le nommé Giacometti conclut un traité avec le citoyen Gambetta.

Il s'engageait à fournir au gouvernement français 3.000 fusils Wendel et 1.200.000 cartouches.

On avait stipulé qu'il serait fait au contractant Giocante Giacometti une avance de 3.500.000 francs.

Le Conseil des finances tenu à Tours, le 4 novembre, s'exprime ainsi dans son procès-verbal :

« Le Conseil, considérant qu'il s'agit d'un traité *déjà conclu* et relatif à des armes *dont il ne peut discuter ni le prix ni la qualité;* qu'il ne peut également s'assurer si des garanties sont données pour la sortie des armes de l'empire autrichien et pour leur livraison en France; que, d'ailleurs, *le mode d'achat lui-même n'est pas soumis à son appréciation,* et qu'il n'est saisi que de l'examen des moyens de trésorerie à employer pour l'acquittement de la somme stipulée, décide, *sous le bénéfice de ces réserves,* que le paiement peut être effectué à titre d'avance sur une ordonnance et SOUS LA RESPONSABILITÉ DU MINISTRE DE L'INTÉRIEUR. »

Il est bon de faire observer que le crédit de 3.500.000 francs fut ouvert au traitant Giacometti chez le représentant du banquier Morgan, à Vienne, avec cette recommandation que rien, dans les télégrammes et correspondances, n'indiquerait qu'il s'agissait d'un achat d'armes. — La maison Morgan devait payer sur la présentation d'un connaissement constatant l'embarquement des marchandises à Trieste.

« Conséquemment, dit la Cour des comptes, le prix à payer était remis à la bonne foi du sieur Giacometti, qui *avait la confiance du ministre Gambetta, avec lequel il avait traité.* »

Le 28 novembre, Gambetta conclut un nouveau marché avec Giacometti, pour une fourniture de selles et de harnais. Faisons observer qu'aucun crédit n'avait été ouvert chez le banquier de Vienne pour ce dernier marché.

Quoi qu'il en soit, dans le cours du mois de janvier 1871, M. Morgan faisait savoir à notre ministre des finances qu'il avait payé 875.000 francs à Giacometti, le 13 décembre précédent, en vertu des ordres et des instructions que lui avait donnés le gouvernement français.

Les marchandises expédiées par le traitant étaient non des armes et des cartouches, mais des harnais, qui représentaient, paraît-il, une somme de beaucoup inférieure aux 875.000 francs payés à Giacometti.

Voici, en effet, ce que nous lisons dans le rapport de la Cour des comptes :

« Cette somme a été réduite à 620.744 fr. 49 c., par suite

d'entrées dans les magasins de la guerre et de ventes faites par l'administration des domaines. Le débet en a été mis intégralement à la charge du sieur Giacometti par décision du ministre de l'intérieur; les poursuites dirigées par l'agent judiciaire du Trésor ne paraissent pas, jusqu'ici, avoir obtenu de résultat. »

Le résultat incontestable et incontesté de cette pitoyable affaire, c'est que la France a été *refaite* de 620.744 fr. 49 c. par le fait de M. Gambetta. A voir la façon dont le dictateur de *l'incapacité,* comme l'a qualifié un de ses coreligionnaires, géra les intérêts de la France pendant la guerre de 1870, on croirait qu'il est, je ne dis pas borgne, mais aveugle intellectuellement.

Ce qui ne saurait faire l'objet d'un doute, c'est que Gambetta est absolument responsable du vol dont le Trésor a été victime en cette circonstance, qu'il en ait profité ou non; car les 620.744 fr. 49 c., illicitement encaissés par Giacometti, ont été payés à ce dernier *sur une ordonnance* et SOUS LA RESPONSABILITÉ DU MINISTRE DE L'INTÉRIEUR. Nous ne faisons qu'exprimer ici l'opinion du Conseil des finances, siégeant à Tours et délibérant sous les yeux de Gambetta lui-même.

N'est-ce pas, citoyen, que nous sommes loin des *vieux riblons, des épingles à cheveux réformées, des boutons en retrait d'emploi, et des trognons de choux en état de vagabondage* de votre vénérable aïeul, l'allemand Gamberlé !

Vous êtes responsable, citoyen, car en traitant avec Giacometti vous avez méconnu toutes les règles administratives auxquelles un ministre est tenu de se conformer en pareille circonstance; vous avez dédaigné de prendre les mesures de prudence les plus élémentaires ; vous avez ordonné au banquier Morgan de payer à Giacometti une avance de 3.500.000 francs, sur le vu d'un simple certificat d'expédition, et avant que vous eussiez pu vérifier la nature des objets expédiés par votre correspondant.

Giacometti a si bien usé de l'étrange latitude que vous lui laissiez, qu'au lieu de vous envoyer des fusils Wendel et des cartouches, il vous a adressé des selles. Il aurait pu tout aussi impunément vous faire un envoi de mélasse qu'une livraison de harnais.

Et voilà pourtant l'homme qui a la prétention de remonter au pouvoir, le financier auquel les gobe-mouches et les gogos de la république modérée, ou soi-disant telle, veulent confier à nouveau les affaires de la France !

Le 9 février 1878, M. de Lorgeril, sénateur, adressa la question suivante au ministère :

« Je demande à M. le Ministre des finances, duquel l'agent judiciaire du Trésor dépend, s'il n'est pas dans l'intention d'activer les poursuites de celui-ci, qui semble laisser dormir un peu trop longtemps M. Giacometti dans la jouissance des 620.744 fr. qu'il doit.

« Je demande à M. le Ministre de la justice ce qu'il pense de la responsabilité d'un ministre qui a *agi contre toutes les règles et négligé toutes les garanties dans une affaire d'une telle importance.* »

M. Dufaure, le vieux et austère Dufaure, répondait en ces termes :

« Relativement à M. Giacometti je n'ai absolument aucune suite à donner à son affaire. »

Ce qui peut se traduire ainsi :

« Giacometti possède 620.744 fr. 49 c. qui appartiennent

au Trésor. Cela ne saurait être contesté, puisque tel est l'avis de la Cour des comptes. Le gouvernement a le droit et certainement le devoir d'exiger la restitution de cette somme, car elle a été indûment perçue. Eh bien, j'ai l'honneur de vous dire que je m'en *bats l'œil*. Si cette réponse ne vous satisfait pas, mon brave Lorgeril, adressez-vous à la maison d'en face. »

Cette façon d'envisager l'affaire ne fut pas du goût du questionneur et de ses amis. M. Dufaure, poussé dans ses derniers retranchements, ne trouva rien de mieux, pour se tirer d'embarras, que de rappeler les malversations qui eurent lieu sous la Restauration pendant la guerre d'Espagne.

« Veuillez vous rappeler, disait-il avec cet air aimable que tout le monde lui a connu, veuillez vous rappeler ce qui s'est passé aussi sous un gouvernement régulier. Vous ne l'avez pas oublié : à l'époque de la guerre d'Espagne, il y a eu les marchés Ouvrard... »

Jamais argument ne fut plus maladroit. Le pavé du vieux père Dufaure dut paraître aussi lourd à Gambetta et à son co-traitant Giacometti, que celui de l'ours à l'amateur de jardins; car voici les interruptions qui vinrent frapper l'orateur officiel en pleine poitrine :

« M. DE GAVARDIE. — *On ne soutenait pas les coupables alors : on poursuivait les voleurs.* »

« M. LUCIEN BRUN. — *Il y avait des voleurs; mais jamais le gouvernement d'alors n'a été soupçonné d'être leur complice.* »

Grâce à l'indécision de l'Assemblée nationale, et à la complicité des 363, Gambetta a pu échapper aux conséquences de son..... incapacité administrative. Si on tentait de lui chercher noise, il invoquerait la prescription et tout serait dit.

D'ailleurs les preuves écrites que l'on pouvait invoquer contre lui en 1871 ont disparu, par une de ces fatalités dont bénéficient d'ordinaire les habiles et les..... gens qui ont de la *veine!*

VII

Où l'on verra de nouveau que les pièces justificatives de la Défense nationale n'ont pas eu la moindre chance.

On prétend que Gambetta et ses comparses du Quatre-Septembre ont une profonde aversion pour les hommes de la Commune.

Cela prouve que la reconnaissance n'est pas la vertu des Opportunistes.

Si les malheureux que l'on a fusillés à Satory ou envoyés au pays des Canaques n'avaient pas *flambé finances*, comment s'y serait-on pris pour expliquer la disparition du dossier Giacometti ?

∴

Les ordonnances de paiement délivrées par M. Lecesne ont également disparu.

Or il s'agit ici de 50 millions 762.558 francs 72 centimes, versés par le trésorier-payeur général d'Indre-et-Loire.

Un joli chiffre, comme on voit.

Les hommes de la Commune sont encore accusés de ce méfait.

Je demande à MM. les Gambettistes de la Chambre et d'ailleurs la permission de leur adresser une question fort simple, à laquelle ils se feront, je n'en doute pas, un plaisir de répondre.

Les pièces justificatives que devait fournir la Commission d'armement ont disparu, dites-vous, dans l'incendie du ministère des finances.

Mais alors vous devez savoir depuis combien de temps ce volumineux dossier se trouvait à Paris et comment il y était arrivé.

L'avait-on confié aux pigeons voyageurs de M. Steenackers?

Vous oubliez sans doute qu'entre le jour où fut conclue la paix et celui ou éclata l'insurrection communaliste, il a été impossible de faire un envoi de ce genre, non seulement parce que le temps eût manqué, mais encore et surtout parce que le Gouvernement et la Chambre étaient à Bordeaux.

Décidément cette version elle-même n'a pas la moindre vraisemblance.

∴

Les pièces relatives aux paiements faits à Bordeaux ont eu un sort tout aussi malheureux.

Le trésorier-payeur de la Gironde a versé 21 millions 120.758 francs 78 centimes. Quel a été l'emploi de cet argent?

Voici la réponse de la Cour des comptes à cette question :

« Les pièces afférentes aux paiements faits à Bordeaux ont dû, en exécution de l'arrêté du gouvernement, du 25 avril 1871, être communiquées à la Commission des marchés. ELLES N'ONT PU ÊTRE RETROUVÉES.

La rédaction de cette partie du rapport me laisse perplexe, car elle est amphibologique sur un point qui devrait, au contraire, briller par la clarté.

« Ces pièces, dit le rapporteur, ONT DU ÊTRE COMMUNIQUÉES à la Commission des marchés. »

Qu'elles aient *dû être communiquées,* qu'il y ait eu pour Gambetta et consorts obligation de les communiquer, cela n'est pas douteux. Mais les a-t-on communiquées ?

Quoi qu'il en soit, l'incertitude où nous laisse le rapporteur ne saurait en aucune façon suspendre notre jugement sur le fond de la question.

Les pièces *ont disparu,* qu'elles aient été préalablement communiquées ou non.

Or comment expliquer cette disparition ?

On n'égare pas par mégarde un dossier de cette importance. Les intéressés le comprirent si bien que, de concert avec leurs amis, ils imaginèrent le roman d'un incendie de wagon. Ils crurent pouvoir expliquer ainsi la destruction de ces précieux documents.

Mais il a fallu abandonner cette version, grâce à l'impossibilité où l'on était d'en prouver l'authenticité, ou même la vraisemblance.

Des indiscrets qui avaient lu cet aphorisme culinaire de Brillat-Savarin : « Pour faire un civet de « lièvre, ayez d'abord un lièvre », se sont demandé si un wagon quelconque avait été incendié. Puis, ayant acquis la preuve qu'aucun accident de ce genre ne s'était produit, ils en ont conclu que la légende du wagon devenu la proie des flammes était une ingénieuse facétie de gens à court d'arguments sérieux.

Ces pièces ont-elles été soustraites ? Les a-t-on simplement égarées ? La Commission des marchés aurait dû s'expliquer sur ce point.

S'il y a eu soustraction, c'est que certaines gens étaient intéressées à faire disparaître les témoins compromettants de leurs faits et gestes.

Si on les a égarées..... Mais encore une fois on n'égare pas dans les cartons d'un ministère une pareille masse de papiers.

*
* *

Les Commissions régionales d'armements, instituées par un décret du 11 novembre 1870, à Saint-Etienne, à Nantes et à Lille, ont rivalisé de sans-gêne avec le citoyen Gambetta.

Ajoutons que les *pièces justificatives* qu'elles ont dû fournir SE SONT ÉGARÉES A LEUR TOUR.

Après avoir constaté que les opérations de la Commission de Saint-Etienne ont donné lieu à des paiements importants effectués par le trésorier-payeur général de la Loire, le rapporteur de la Cour des comptes ajoute :

« *L'absence de justification* à l'appui de ces paiements a nécessité entre la Cour et le Ministère des finances une correspondance d'où il ressort que les pièces au soutien des dépenses avaient été transmises à la Commission parlementaire des marchés; MAIS IL N'A PAS ÉTÉ POSSIBLE DE LES RETROUVER. »

Encore disparues !!! Quel guignon !!!

Si un négociant en déconfiture avait la malechance, j'allais dire la mauvaise inspiration, d'égarer les pièces qu'il est tenu de fournir pour justifier de la régularité de ses opérations, le parquet n'hésiterait pas à le rappeler au respect de la loi.

Je parierais volontiers cinquante centimes contre mille francs que ceux qui ont détourné ces dossiers et ceux qui ont bénéficié du détournement APPARTIENNENT A LA MAÇONNERIE.

« La faculté de payer sans crédit, sans pièces justificatives, sur une simple réquisition de l'ordonnateur, était une source de confusion et d'abus. »

Ce jugement de la Cour des comptes, citoyen Gambetta, vous frappe en plein visage, car c'est à vous que la France était redevable, en 1870-1871, de *la faculté de payer sans crédit et sans pièces justificatives, sur une simple réquisition.*

« Ce système », citoyen, « paralysait le fonctionnement de la comptabilité, rendait impossible la formation des comptes budgétaires, atteignait sur ce point la responsabilité ministérielle et détruisait en partie la responsabilité du comptable lui-même. Il retirait enfin au contrôle judiciaire les moyens d'apprécier plus tard la légitimité des dépenses, d'en attester sûrement la régularité devant le pouvoir législatif. »

Ce réquisitoire, modéré dans la forme, mais écrasant pour le fond, c'est la Cour des comptes qui l'a dressé contre vous, citoyen, en attendant que la France vous renvoie aux *trognons de choux en rupture de ban* de votre aïeul Gamberlé.

VIII

Où l'on prouve que la dictature de Gambetta a été une bonne fortune pour les fripons en quête d'argent.

« Ne choisissez jamais un borgne pour surveiller vos intérêts. » Ce proverbe oriental ne tardera pas à devenir populaire, grâce aux avatars financiers de l'outrancier de Cahors. Je suis sûr que si le dictateur que nous donna le café Procope, au lieu de traiter lui-même avec les fournisseurs, avait chargé de cette besogne le vénérable auteur de ses jours, le bonhomme aurait agi avec plus de circonspection.

Giacometti n'est pas le seul qui ait eu la faculté de fourrager tout à son aise dans les caisses de l'Etat, grâce à la complaisante protection des hommes du Quatre-Septembre.

La Cour des comptes, frappée de ce fait, n'a pu s'empêcher de le constater en termes assez précis, pour nous édifier complètement sur la confiance que méritaient nos seigneurs et maîtres d'alors, parmi lesquels figurait au premier rang le citoyen Gambetta.

Je crois utile de citer ce passage du rapport :

« Aux termes des règlements, dit le rapporteur, la nature et l'importance des garanties qui répondent de l'exécution des engagements pris par les fournisseurs *doivent faire l'objet de stipulations spéciales dans les marchés passés avec l'Etat.*

« Les fournisseurs de la guerre, en 1870 et 1871, *ont été souvent dispensés* de l'application de cette disposition prévoyante. C'est ce qui a été maintes fois signalé par la Commission des marchés.

« En relevant les fraudes commises par le sieur Roumagnac, soumissionnaire de diverses fournitures de poudre, *elle a eu occasion de faire apprécier le préjudice que cette tolérance pouvait causer au Trésor.* Une décision du ministre de l'intérieur, en date du 23 janvier 1873, a constitué le sieur Roumagnac en débet de 125.339 francs. Mais *la disparition de ce fournisseur,* QUI N'AVAIT ÉTÉ ASSUJETTI A AUCUN CAUTIONNEMENT, *a privé l'Etat de tout moyen de recours.* »

Ainsi, voilà qui est constaté, Gambetta et ses amis

ne prenaient aucune des garanties que les règlements exigent vis-à-vis des fournisseurs de l'Etat; les individus avec lesquels traitait le ministre étaient souvent des hommes sans aveu, qui disparaissaient comme de vulgaires filous, emportant des sommes considérables, grâce à la complicité, inconsciente j'aime à le croire, du dictateur de *l'incapacité*.

Je crois, citoyen Gambetta, que les chevaliers d'industrie dont on vous a accusé d'être le compère se sont bornés à vous duper, au lieu de vous faire participer au produit de leurs vols. Mais vous ne cessez pas pour cela d'être responsable.

Si vous en doutez, consultez un légiste, le premier venu, pourvu qu'il ne soit pas intéressé dans la question. Il vous dira que pour plaider une cause comme la vôtre il faudrait recourir aux circonstances atténuantes. Or vous savez, vous qui êtes avocat, que ces sortes de plaidoyers ne sauvent à peu près jamais l'honneur d'un prévenu.

IX

Où l'on voit qu'afin de ne pas être monotone, l'auteur laisse un instant de côté les opérations de Gambetta et s'occupe de celles des autres *Septenruinards*.

Quelque intéressant que puisse être Gambetta, il m'est impossible de parler constamment de lui.

Alors donc quittons un instant la capitale de la Touraine, où Gamberlé III et ses fournisseurs faisaient danser nos millions, et voyons ce qui se passait ailleurs.

Je serai, ici encore, obligé de me borner.

Si un écrivain plus courageux que moi voulait reprendre la question et la traiter avec l'ampleur qu'elle comporte, je lui conseillerais de le faire en vers hexamètres.

Je crois que le titre suivant pourrait lui convenir, car il est on ne peut mieux approprié au sujet :

LA GASPILLOMACHIE

Poème en 90 chants, où l'on célèbre en vers éplorés les voleries et tripotages des hommes de la DÉFAITE NATIONALE *et de la* R...UINE F...RANÇAISE.

Le rapport de la Cour des comptes constate qu'à Paris la solde des bataillons de la garde nationale atteignait au mois de décembre 445.000 francs par jour, sans compter les prestations accordées aux compagnies de marche et le subside complémentaire de 75 centimes que l'on donnait aux femmes des gardes nationaux.

Je ne discute pas l'importance de ces chiffres, bien qu'ils me paraissent singulièrement exagérés ; il y aurait cependant possibilité de le faire ; mais cela me conduirait trop loin. Qu'il me suffise de constater, un ordre du jour du 11 octobre à la main, qu'à cette date déjà il y avait des DÉTOURNEMENTS ET DES GASPILLAGES, et cela en grand nombre.

Prit-on des mesures pour réprimer ces désordres et en empêcher le retour ? En aucune façon.

« *L'exactitude des états de présence sur lesquels a* « *reposé le paiement de l'indemnité allouée aux gardes* « *nationaux*, en vertu du décret du 12 septembre 1870, « EST RESTÉE DÉNUÉE DE PREUVES. »

Si les preuves ont manqué, c'est parce que les justifications de ces dépenses *ont été anéanties*. Anéanties par qui ? Eh ! parbleu, par les intéressés !

Veut-on savoir quelle a été la conduite des municipalités de Paris, à propos de l'habillement et de l'équipement des gardes nationaux ?

Les mairies, les bataillons, et *même individuellement les hommes* faisant partie de la garde nationale, achetaient des fournitures pour le compte de l'Etat. Cet abus, dit le rapporteur, prit un tel développement que l'administration dut s'en émouvoir. Pour couper court à de semblables agissements, on organisa un service central à l'hôtel de ville, avec des approvisionnements capables de subvenir à tous les besoins. Vous croyez peut-être que cette mesure servit à quelque chose ? Eh bien, détrompez-vous.

« *Ces dépenses n'en continuèrent pas moins à être* « *arbitrairement engagées dans la plupart des arron-* « *dissements.* »

L'arbitraire est passé en France à l'état de maladie endémique toutes les fois que nous tombons aux mains de la démocratie (1).

Le ministre de l'intérieur — celui qui était à Paris — rappelait aux maires de la capitale, le 27 octobre 1870, les prescriptions de la loi concernant les fournitures militaires et les invitait à s'y conformer. Peine perdue ! Ces intègres administrateurs se souciaient des instructions ministérielles comme de Colin-Tampon.

La seule pièce justificative des dépenses d'habillement et d'équipement qui fût jointe aux mandats de paiement délivrés par les maires consistait en un bul-

(1) Par ce mot, je veux désigner les abominables chevaliers d'industrie qui se hissent au pouvoir à la faveur de la République et s'enrichissent à nos dépens.

letin présentant l'énonciation de la fourniture et du prix, signé par le titulaire du mandat et visé par le maire de l'arrondissement ou par un chef de bataillon.

« *Un seul mandat a été appuyé d'un marché.* »

Un seul acte régulier, c'est peu, pour des hommes qui ont la prétention de réformer la société.

Le chef de service chargé de certifier au dos des bulletins la livraison des matières et d'en arrêter le prix résidait à l'hôtel de ville, et se bornait à remplir une formalité.

« Quant à la prise en charge des objets fournis, à leur réception, à leur distribution, en dehors des achats faits pour l'approvisionnement central, *aucun mandat* délivré pour l'acquittement des dépenses prescrites par les mairies ou les bataillons N'EN A PRODUIT LA PREUVE RÉGULIÈRE. »

La Cour des comptes est étonnée, et à bon droit, que ces *justifications sommaires*, qui ne sont pas des justifications, *aient pu être admises par le caissier payeur pour des dépenses aussi importantes*.

Le comptable réclamait, la Cour des comptes le constate. Mais à ces légitimes réclamations on opposait cette formule dont la lecture fera toujours rêver un homme soupçonneux, formule que portaient les mandats et les bulletins de fourniture : « *Dépenses* « *faites d'urgence pour le service de la garde nationale* « *sédentaire.* »

Voilà, vraiment, qui est bien laconique pour un parti dont la prolixité, d'autres diraient le bavardage, est le défaut dominant.

Mais il y a mieux que cela encore : une partie des dépenses dont je parle fut payée sans autre justification que le bulletin dressé par le titulaire et visé par le maire. On ne produisit, fait observer le rapporteur, ni état de journées ni mémoire d'aucune sorte. La comptabilité administrative se trouvait ainsi réduite à sa plus simple expression.

Jamais les fripons n'ont eu plus de chance qu'en ces temps de malédiction.

Je ne puis résister à la tentation de reproduire ici un certificat délivré par le citoyen Mottu au secrétaire de la mairie de Popincourt. Il s'agit d'une avance de 3.000 francs que ce dernier aurait faite au profit d'une compagnie de carabiniers de la garde nationale. Voici ce singulier document :

« XIe arrondissement. Mairie de Popincourt. — Nous, soussigné, maire du XIe arrondissement, certifions qu'il est à notre connaissance personnelle qu'une somme de 3.000 francs a été remise sur l'ordre de notre prédécesseur, le 14 septembre dernier, par le secrétaire chef de nos bureaux, à l'organisateur de la compagnie de carabiniers de la garde nationale du XIe arrondissement pour servir à l'habillement et à l'équipement de ses hommes, *mais que, cette compagnie ayant été licenciée et l'organisateur ayant disparu*, il a été impossible d'obtenir par pièces régulières la justification de l'emploi de ladite somme.

« JULES MOTTU. »

Ce Mottu-là est le même que celui qui décrochait les crucifix dans les écoles communales et persécutait les Religieuses et les Frères. Malheureusement il n'a pu décrocher la timbale du financier sans peur et sans reproche, si nous en jugeons par les infortunes judiciaires qui ont fini par l'atteindre. — Quoi qu'il en soit, nous sommes d'avis que les républicains doivent une statue en bronze à l'intègre Mottu, le précurseur laïque, mais nullement gratuit, de Jules Ferry.

Le gouvernement, paraît-il, avait interdit les achats d'armes de luxe par les officiers et soldats de la garde nationale aux frais du Trésor.

Cette défense fut regardée comme nulle et non avenue. Cela est si vrai, *que les mandats délivrés sur bulletins* d'achats directs faits par les mairies et les bataillons présentent des exemples sans nombre de fournitures d'armes, de sabres d'officiers, *d'objets d'habillement et d'équipement de luxe.*

Et ces fournitures d'habillement et d'équipement des officiers se combinaient avec les allocations en argent. Pas ombre de justifications régulièrement établies, soit pour ces *allocations*, soit pour les distributions d'effets en nature. Cette manière de procéder, fait observer le rapporteur, a DU INÉVITABLEMENT COUVRIR DE GRAVES ABUS. Quatre-vingt-dix-neuf fois sur cent, la Cour des comptes s'est vue dans l'impossibilité de contrôler une comptabilité qui ne renfermait aucun élément de vérification.

Les sommes dépensées ou plutôt gaspillées pour les gardes nationales sédentaire et mobilisée du département de la Seine ont atteint le chiffre énorme de 120.627.901 fr. 38 centimes.

Comme on avait, paraît-il, de l'argent de reste, le gouvernement prit 2.981 abonnements au *Moniteur officiel des gardes nationales.* Une somme de 29.810 francs fut payée de ce chef sur ordonnance directe du ministre de l'intérieur. *Le Moniteur des gardes nationales* finit avec la guerre. La Cour des comptes, partant de ce principe qu'on ne paie pas un abonnement d'un an pour un journal qui ne vit pas au delà de six mois, fit part au ministre de ses scrupules. Ce dernier, s'associant aux observations de la Cour, déclara, le 21 septembre 1874, qu'il avait ordonné la révision de la dépense acquittée par anticipation et pris un arrêté *constituant l'éditeur en débet d'une somme de* 11.366 *francs* 67 *centimes*.

Je serais curieux de savoir quel était cet éditeur et s'il a jugé à propos de s'exécuter. Le gouvernement pourrait-il me répondre?

Pour le seul approvisionnement de Paris, les crédits se sont élevés à 118.209.313 francs 45 centimes. Sur cette somme 88.008.000 francs 57 centimes ont été appliqués aux dépenses de l'approvisionnement de prévoyance de Paris, aux prix des réquisitions de toute nature exercées pour le service d'alimentation de la population civile pendant le siège, et enfin aux frais accessoires de transport, d'entretien, de surveillance, d'emmagasinement et de manutention.

Savez-vous ce que le rapport constate au sujet de ces 88.008.000 francs? Je néglige les 57 centimes.

Il constate qu'une DÉPENSE DE PLUS DE 33 MILLIONS N'A PAS EU DE JUSTIFICATION DANS LES COMPTES.

On sait ce que la commission parlementaire pense des marchés qui ont donné lieu à l'emploi de cette somme et des gaspillages qui les ont signalés. Il n'est donc pas étonnant que ces justifications aient fait défaut.

La Cour des comptes aurait bien voulu étudier en détail ces irrégularités et mettre à nu les friponneries dont la France a été victime, grâce à l'incapacité, ou peut-être même à la complicité de la camarilla du Quatre-Septembre. Mais elle est obligée de confesser son impuissance, les documents dont elle aurait besoin ayant été détruits.

Je crois utile de reproduire, pour l'édification de mes lecteurs, les réflexions que fait à ce sujet le rapporteur de la Cour :

« La Commission des marchés, dit-il, dans ses rapports des 29 juillet 1872 et 4 mars 1875, a fait de nombreuses observations relativement aux fournitures d'animaux de boucherie, aux achats de farines, céréales, fromages, légumes secs et denrées diverses. Les critiques de la Commission s'adressent au *choix des fournisseurs*, — *à l'exagération des prix accordés*, — *à la qualité des marchandises fournies*; — elles touchent, par conséquent, *à un ordre de faits que l'action des comptables ne peut atteindre.* »

Ici encore le rapport constate que les hommes du Quatre-Septembre avaient une tendance déplorable à prendre, pour les aider dans leur œuvre *patriotique*, des hommes dont l'honorabilité ne jetait pas un très vif éclat, des hommes auxquels on payait horriblement cher des produits avariés.

Nous adressant à nos maîtres d'alors, nous leur ferons le petit raisonnement que voici : De deux choses l'une, ou vous étiez les complices des fournisseurs véreux auxquels vous aviez recours, et alors vous méritez le titre de fripons; ou vous étiez les dupes de ces gens-là, et en ce cas vous avez incontestablement droit à la qualification d'imbéciles.

FRIPONS OU IMBÉCILES !

Je vous mets au défi, mes bonshommes, de vous tirer de ce dilemme ; car il ne s'agit pas ici d'un fait isolé, mais bien plutôt d'un ensemble de gaspillages qu'on eût dit érigé en système sur tous les points du territoire.

Le rapporteur de la Cour des comptes, poursuivant ses réflexions mélancoliques, continue en ces termes :

« Toutefois, à l'égard de l'entreprise des sieurs Cardon et Rolin, le rapport parlementaire du 29 juillet 1872 *a signalé l'attribution qui leur aurait été faite de commissions supérieures à celles fixées par les marchés*, et il a évalué à environ 12.700 francs le préjudice qui en serait résulté pour le Trésor. »

Qui donc est responsable de ce vol? Car c'en est un.

« Il eût appartenu à la Cour, dit le rapporteur, de statuer sur la responsabilité que le comptable aurait pu encourir en raison de ces faits; *mais toutes les factures originales des importants achats faits par l'entremise des sieurs Cardon et Rolin* ONT ÉTÉ ANÉANTIES, et les indications sommaires contenues dans les bordereaux, qui seuls ont été produits à la Cour, *ne lui ont permis à aucun* degré de reconstituer les chiffres sur lesquels son appréciation eût pu se fonder. »

Et voilà! FRIPONS OU IMBÉCILES! IMBÉCILES OU FRIPONS!

Quoi que je fasse, à quelque raisonnement que je recoure, il m'est impossible de sortir de là. Tâchez de faire mieux, si vous le pouvez.

X

Où l'on continue à s'occuper des jolis cadets qui administraient les départements sous la direction du dictateur Gambetta.

Quelle que soit ma bonne volonté, il m'est impossible de passer en revue les abus de tout genre dont les administrateurs du Quatre-Septembre se sont rendus coupables.

Je me bornerai donc à glaner quelques faits, à l'aide desquels il sera facile d'apprécier d'une manière convenable les sinistres bandits qui s'emparèrent du pouvoir à la faveur de nos désastres.

Bilboquet a eu rarement l'occasion de se livrer avec un pareil succès à ses petites industries.

Par où commencer? Par où finir?

En vérité, je ne sais.

*
* *

« Aux termes de la loi du 5 mai 1855, les fonctions « municipales sont gratuites. »

C'est la Cour des comptes qui pose ce principe dans son rapport. Elle ajoute immédiatement après qu'il résulte de l'exposé de la loi, que les conseils municipaux des grandes villes peuvent indemniser les maires de *certaines dépenses de représentation ;* mais que toute allocation *pouvant tourner au profit personnel du maire* est formellement interdite.

Rien de plus clair.

Sans doute ; seulement, ce qui est clair pour les uns ne l'est pas pour les autres. Le maire de Chalon-sur-Saône fut, en l'an de disgrâce 1871, une preuve vivante de cette vérité.

Il supposa que la loi de 1855 sur la gratuité des fonctions municipales, remontant à l'époque où régnait le tyran, ne pouvait obliger un fonctionnaire républicain. Aussi, usant de la douce influence qu'il exerçait sur son conseil municipal, il se fit voter une *allocation personnelle et mensuelle de* 500 francs, qui lui a été payée depuis le 1er décembre 1870 jusqu'au 30 avril 1871.

Le maire de Chalon-sur-Saône appartenait à cette classe de citoyens désintéressés qui réclament sans cesse contre les prodigalités des gouvernements monarchiques. Il tenait à donner aux réactionnaires un exemple d'abnégation. Il y a réussi.

A Alger, l'adjoint et un conseiller municipal ont reçu diverses allocations de 1.100, de 1.500, de 3.000 et de 4.500 francs.

*
* *

A Constantine, le conseil municipal, sans se préoccuper des prescriptions de la loi, faisait remise à un ancien percepteur de cette ville d'une somme de 27.000 fr., dont il était responsable. La Cour des comptes signale cet abus et le flétrit avec raison.

*
* *

Une circulaire ministérielle interdisait aux communes de faire elles-mêmes des achats d'armes, pour ne pas entraver les opérations de la Commission d'armement. Agir autrement c'était compromettre de la manière la plus grave les intérêts de l'Etat.

Les prescriptions du ministre furent considérées comme non avenues.

Le conseil municipal de Toulon dépensa pour l'équipement de la garde nationale mobilisée 389.902 fr. 75 cent., plus 20.379 fr. 04 cent., pour l'achat de canons-obusiers que la ville destinait en partie au vieux fantoche de Caprera.

*
* *

Des abus du même genre se sont produits à Poitiers, à Lisieux, à la Rochelle, à Avignon.

*
* *

Le Hâvre a gaspillé 2.271.472 fr. 22 cent. en tripotages de toutes sortes. Par suite de reventes, cette somme a été réduite à 1.894.285 fr. 12 centimes.

Le conseil municipal, voulant suivre l'exemple qui

lui était donné en haut lieu, ne se préoccupa que fort peu des justifications de paiement. Là, comme à Tours et à Bordeaux, on achetait sur simples factures, sans marchés ni procès-verbaux. A quoi bon ces formalités? En république, on n'a pas à se gêner avec l'argent des contribuables.

Je ne parle pas des agents que ce conseil modèle envoya en Belgique et en Angleterre pour acheter des revolvers, des cartouches, des sabres, des fusils, des capsules, de la poudre, etc. Tous ces achats furent soldés sur simple acquit des mandataires de la ville. Il n'a été produit *ni marchés, ni mémoires, ni procès-verbaux d'essai et de réception.*

Si le Hâvre n'est pas content des citoyens qui administrèrent ses finances sous le régime du Quatre-Septembre, c'est que ses habitants ont le caractère mal fait.

* * *

Dans plusieurs villes, à Saint-Etienne en particulier, les conseils municipaux, en allouant des subsides aux comités de défense, *décidaient que les paiements seraient effectués sans justification d'emploi.* Décidément Gambetta et Giacometti avaient de nombreux imitateurs.

Le comité de Saint-Etienne a reçu 123.020 fr. sans qu'aucune pièce certifiant l'emploi de cette somme ait été produite. Le conseil municipal, d'ailleurs, avait autorisé le maire à *disposer des fonds* AVEC DISPENSE DE JUSTIFICATION.

C'est tout simplement ineffable.

* * *

A Reims, le conseil municipal votait un emprunt

forcé de 1.200.000 fr. Cette somme devait être fournie par des souscripteurs divisés arbitrairement en treize catégories.

*
* *

A Castelnaudary, on faisait mieux encore. Le 18 septembre 1870, le conseil municipal votait un emprunt de 100.000 francs, et décidait que la moitié de cette somme serait remboursée au moyen de centimes additionnels portant exclusivement sur la contribution mobilière. Ce jour-là les capitalistes et les rentiers de Castelnaudary durent se frotter les mains de satisfaction, en pensant qu'ils vivraient désormais sous le régime bienfaisant de la République.

*
* *

A Bordeaux, les administrateurs émirent un emprunt s'élevant à 5.500.000 fr. Là encore les achats étaient faits de gré à gré, sans concurrence et sur simples factures.

Les fournisseurs n'étaient pas assujettis, en général, à déposer un cautionnement. Les clauses pénales stipulées dans les marchés, en cas de retard dans les livraisons, n'ont jamais été appliquées. Ajoutons qu'aucun certificat de réception ou de prise en charge n'a été produit.

Mais voici qui est mieux.

Un sieur Gibert, adjoint au maire de Bordeaux, avait reçu de la ville des avances s'élevant au chiffre respectable de 1.294.124 francs 87 cent. Eh bien, le citoyen adjoint n'a présenté d'autres pièces que les mandats acquittés par lui.

Cela n'ayant pas paru suffisant à la Cour des comptes, le receveur municipal fut prié de fournir des justifications d'emploi. Ce comptable produisit une réquisition de paiement du maire de Bordeaux et une lettre explicative de M. Gibert, où il était dit, entre autres choses, que les pièces justificatives avaient été déposées au ministère de l'intérieur, pour être remises à la Commission des marchés.

Il est écrit que les républicains auront toujours du guignon.

Le maire de Bordeaux ignorait, paraît-il, qu'il n'avait pas le droit de requérir le receveur municipal.

En second lieu, le dossier Gibert et Cie a eu le sort de tous les autres, IL S'EST ÉGARÉ DANS LES BUREAUX DU MINISTÈRE !

Toujours la même fatalité !

XI

Où l'on démontre qu'à Lyon les administrateurs du Quatre-Septembre n'ont à peu près rien fait pour mériter le prix de vertu.

A Lyon, les dépenses effectuées par le conseil municipal, au mépris des prescriptions ministérielles, en 1870 et 1871, se sont élevées à 7.526.191 fr. 69 centimes.

Les irrégularités constatées ici par la Cour des comptes ressemblent à celles que j'ai déjà énumérées, en parlant du Hâvre, de Saint Etienne, et d'ailleurs. Une seule chose les distingue de ces dernières, c'est qu'on y trouve plus nettement accusée l'empreinte de l'anarchie. Les factures établies à *des dates rapprochées et pour des fournitures de même matière* sont revêtues des visas les plus divers, de telle sorte qu'il est impossible de savoir sur qui doit porter la responsabilité administrative.

« Elles sont visées, dit le rapporteur de la Cour des comptes, tantôt par le maire ou un adjoint, *tantôt par le préfet*. Les unes sont certifiées par des comptables ou contrôleurs *improvisés, dont la qualité est inconnue*. D'autres, en grand nombre, portent l'attache *d'un ancien ouvrier en soie, président du comité de la guerre*; d'autres encore celle d'un conseiller municipal, président du comité de défense. »

Voilà, si je ne me trompe, l'image du gâchis dans tout l'éclat de sa beauté.

Il faut avoir un personnel administratif exclusivement composé de républicains appartenant à l'école opportuniste pour être témoin d'un pareil mêli-mêlo.

Parmi les irrégularités dont les septembrisards lyonnais se sont rendus coupables, à l'exemple de leurs frères et amis de Paris, de Tours et de Bordeaux, nous devons encore citer celle qui consistait à payer les ouvriers sans émargement.

On a fait à un seul régisseur, pour travaux de fortifications, des avances se montant à 2 millions 629.861 fr. 76 centimes.

La plupart des ouvriers travaillaient à la journée. Eh bien, fait observer la Cour des comptes, « on n'a « produit aucun reçu des parties prenantes. Les dé- « penses ne sont justifiées que par les acquits d'offi- « ciers de la garde nationale ou chefs d'ateliers. »

Cette manière de procéder ouvrait la porte à tous les abus.

Je ne crois pas que l'on ait jamais encouragé à ce point le gaspillage des fonds publics.

A l'appui des dépenses pour achats d'armes, de munitions et de matériel, on n'a pu présenter *ni un seul marché, ni un certificat de prise en charge.*

Toutes les fournitures ont été réglées sur mémoires, — et quels mémoires ! — en vertu d'autorisations émanant de Challemel-Lacour.

Celui qui parviendrait à découvrir une illégalité, — une seule ! — que n'ait pas commise le conseil municipal, aurait bien mérité de la République opportuniste.

Si à Bordeaux, à Saint-Etienne et ailleurs les républicains avaient suivi l'exemple de Lyon, il n'eût pas été nécessaire, pour se mettre à l'abri d'accusations déshonorantes et de poursuites judiciaires inévitables en des temps réguliers, de supprimer les dossiers existants.

Aux grincheux qui oseraient soutenir que les administrateurs lyonnais se sont exposés, en agissant ainsi, à des soupçons injurieux, nous opposerons les états de service et l'honorabilité *sui generis* dont peuvent se glorifier les citoyens qui composaient le Comité de sûreté générale.

Nous leur dirons : Lisez attentivement le tableau que voici et vous verrez que les hommes du Quatre-Septembre, à Lyon, n'étaient pas les premiers venus :

Bénier, condamné le 5 juin 1855, pour *abus de confiance*, à deux mois de prison.

Béne, condamné, le 24 janvier 1878, pour affiliation à une société secrète, à dix-huit mois d'emprisonnement; et, le 27 janvier 1879, à un mois de la même peine, pour rébellion et outrage envers les agents de la force publique.

Blanc, poursuivi en 1870, pour affiliation à l'Internationale.

Blet, condamné, le 1er juin 1874, pour *abus de confiance*, à huit mois de prison et 27 fr. d'amende.

Boisson, condamné pour *vol*, le 7 décembre 1842, à quatre ans de détention dans une maison de correction; le 22 janvier 1843, à une peine semblable, pour *vol* de récoltes; le 27 avril 1863, à un mois de prison, pour usurpation de fonctions publiques; le 1er octobre 1869, à la même peine, pour le même fait; et le 6 décembre, à six mois, pour arrestations illégales.

Bry, condamné à trois mois de prison, pour *abus de confiance.*

Charères, condamné, le 12 juillet 1870, pour rébellion et outrage, à six mois de prison.

Chol, condamné, le 11 août 1853, par le 2me conseil de guerre de Lyon, à six mois de prison, pour insoumission et désertion à l'intérieur; condamné par contumace à la déportation, le 19 mars 1871, comme ayant participé à l'assassinat du commandant Arnaud.

Coulon, condamné, en 1853, à quatre ans de détention dans une maison de correction, et, en 1862, à six mois de prison, pour *vagabondage.*

Eymard, condamné, en 1857, à six mois de prison, pour vente d'un effet de petit équipement; en 1861, à dix-huit mois, *pour coups et blessures, vol et outrage public à la pudeur.*

Guille, condamné, en 1855, à quatre ans de correction, pour *abus de confiance.*

Husson, condamné, en 1865, à quinze jours de prison, pour coups et blessures.

Jacomard, condamné, en 1851, à six mois d'emprisonnement, pour vente d'effets de petit équipement.

Lagarnier, condamné, en 1848, à six mois d'emprisonnement, pour arrestation illégale et séquestration arbitraire de personnes.

Mallen, condamné, en 1862, à dix-huit mois de prison et cinq ans de surveillance, pour *chantage et menace de mort* sous condition; en 1870, à un an de prison, pour arrestation illégale.

MATHIS, condamné, en 1868, à un mois de prison, pour *usurpation de fonctions;* en 1870, à quatre mois de la même peine, *pour escroquerie.*

MICHALET, condamné, en 1861, à sept mois de prison, *pour vol et escroquerie.*

PAYET, condamné, en 1868, à dix-neuf jours de prison, *pour tromperie sur la quantité de la chose vendue;* en 1871, à cinq ans de détention, pour excitation à la guerre civile.

PENET, condamné, en 1859, à un mois de prison, *pour abus de confiance;* en 1860, à quatre mois, pour *banqueroute simple;* en 1870, à dix jours, pour cris séditieux.

PERRIN, condamné, en 1869, pour rébellion et outrage aux agents.

REBEND, condamné, en 1869, à deux mois de prison, *pour abus de confiance.*

RÉGIPASSE, déclaré en faillite par le tribunal de commerce de Lyon, en 1862; poursuivi, en 1870, pour affiliation à l'Internationale, et à la fin de la même année, pour excitation à la guerre civile.

RIEAUX, condamné, en 1849, par le 1er conseil de guerre de Lyon, à six mois de prison, pour cris séditieux, *attaque contre les institutions républicaines et le principe de la propriété*, et excitation à la haine des citoyens les uns contre les autres; en 1853, à 50 francs d'amende, pour contravention à la loi sur la pharmacie; en 1865, à six jours de prison *pour coups et blessures.*

ROZET, condamné, en 1864, à dix jours de prison *pour coups et blessures;* en 1866, à deux mois de la même peine, *pour le même fait.*

SERVELLE, poursuivi pour *fabrication de fausse monnaie;* condamné, en 1871, à six jours de prison, pour outrage à un commandant de la force publique.

TIMON, condamné, en 1856, pour *affiliation à une société secrète,* à trois ans de prison, 100 francs d'amende et cinq ans d'interdiction; traduit en cour d'assises, en 1868, pour affaire de soie volée; déclaré en état de faillite, en juillet 1870; condamné, en août suivant, à quarante-huit heures de prison pour attroupement séditieux.

Après avoir lu ce qui précède, mes adversaires politiques eux-mêmes, s'ils sont de bonne foi, ne m'accuseront plus de qualifier durement les administrateurs que le Quatre-Septembre fit surgir dans la plupart de nos grandes villes.

XII

Où l'on verra qu'à Marseille le patriotisme et le désintéressement des subordonnés de Gambetta ne rappelèrent que vaguement les vertus de Caton.

A Marseille, le conseil municipal a voté deux crédits successifs de 200.000 francs pour l'armée de Garibaldi. Il y a eu des achats de chevaux, d'armes et d'équipement; *mais on n'a produit aucun marché.*

Un receveur ambulant de l'octroi fut arrêté à la mairie, le 4 avril 1871, au moment où il faisait un versement à la caisse municipale. Conduit à la préfecture, il se vit contraint de remettre à la Commission départementale une somme de 17.544 francs 25 centimes.

Ce n'était pas plus difficile que cela.

La propriété privée était aussi peu respectée que les deniers municipaux.

Les chevaux et les voitures de M. Levert, ancien préfet de Marseille, furent confisqués par le citoyen Esquiros, qui mit le tout à la disposition de ses familiers.

On fit main basse sur une quantité considérable d'objets mobiliers, tels que meubles de luxe, vêtements, argent monnayé, bijoux appartenant à Mme Levert et à ses enfants.

Dans une lettre écrite par M. Levert au citoyen Esquiros, l'ancien préfet réclame encore à ce dernier les vins de sa cave.

« Vous avez pu, lui dit-il, en apprécier la valeur et le prix, et vous n'avez pas pensé, je suppose, que le bordeaux et le champagne servis à chacun de vos repas, non plus que mes cigares, *fort goûtés,* je le sais, de vos amis, vous fussent fournis par la République.

« Il n'est pas dans les habitudes d'un gouvernement, pas même, que je sache, du gouvernement républicain, d'offrir de semblables munificences à ses fonctionnaires. »

M. Levert exigeait de plus qu'on lui restituât un bon de 4.000 francs que M. Esquiros avait trouvé dans un tiroir. Ce bon portait la date du 26 août et était payable le 3 septembre.

O vertu républicaine, voilà de tes coups !

Je ne parle pas des actes de violence dont Marseille fut le théâtre. Ce sera le sujet d'un autre travail. On emprisonna arbitrairement un certain nombre de personnes. L'évêché, la maison des Oblats de Marie, le couvent de Saint-Barnabé, l'église de la Major, le petit séminaire et plusieurs communautés religieuses eurent à subir les perquisitions, les vexations et surtout les déprédations de la garde civique qui entourait le citoyen Esquiros. L'Internationale régnait en maîtresse dans la cité phocéenne, et se préparait à scinder la France en deux, au moyen de ce qu'elle appela la Ligue du Midi. Le vandalisme cosmopolite s'unissait à la Prusse pour nous rayer du nombre des nations.

Sur ces entrefaites, les Jésuites étaient incarcérés et expulsés du territoire. La Mission de France fut envahie par les scélérats de la préfecture.

Nommé administrateur du département des Bouches-du-Rhône, Alphonse Gent arrivait à Marseille, le 2 novembre 1870, et recevait un coup de feu qui faillit le tuer.

Dites encore après cela que les loups ne se mangent pas entre eux!

Il fallait cependant se débarrasser d'Esquiros. Après de nombreux pourparlers, il fut convenu que l'on donnerait 4.000 francs au vieux démagogue, afin qu'il s'éloignât du théâtre de ses hauts faits. Gent emprunta cette somme à la caisse des mœurs.

Je crois utile de rappeler à mes lecteurs quelques détails absolument authentiques sur la manière dont les républicains du Quatre-Septembre se conduisaient dans leurs visites domiciliaires.

« On n'avait pas attendu notre départ de la maison, lisons-nous dans le rapport adressé par les Jésuites à la Commission d'enquête, pour en commencer la spoliation : pendant que sous nos yeux s'opérait déjà l'inventaire de notre mobilier, des civiques, parcourant la maison en tous sens, bouleversaient tout et prenaient ce qui était à leur convenance ; c'est ainsi que, sans parler du linge et d'une multitude de petits meubles qui ont disparu, ils ont pris un billet de 100 francs dans le portefeuille d'un de nos Pères et une somme de 1.000 francs destinée aux missions étrangères, que renfermait la valise de l'évêque voyageur (1); et c'est ainsi qu'ils s'emparèrent de son anneau, d'une croix pastorale, d'un second anneau de grand prix et d'un riche camée, etc.

« L'église elle-même n'a pas été respectée : d'horribles orgies y ont été commises; et, par une parodie sacrilège, plusieurs des ornements sacerdotaux qui n'ont pas été emportés ont servi à de criminelles représentations de nos cérémonies sacrées. »

Braves gens, va !

J'extrais d'un rapport du colonel Nicolas à la Commission d'enquête les deux passages qu'on va lire. Il faut que l'on sache qu'en accusant de friponnerie les hommes de la Défense nationale, je ne m'écarte pas de la vérité. Les quelques citoyens honnêtes qui se sont mêlés imprudemment à cette camarilla de pillards ne sauraient être cités à titre d'argument contre les accusations que je formule ici. Tout le monde sait que l'exception confirme la règle.

« Le préfet (M. Gent), dit le colonel Nicolas, fit venir d'Avignon un ancien commissaire de police, qu'il installa dans la préfecture, avec la fonction d'inspecteur des gardes nationales, et qui fut en même temps chargé de traiter directement avec les fournisseurs.

« C'est alors qu'on vit se produire des commandes très importantes d'objets de toute nature. Le préfet devint, à partir de ce moment, le fournisseur des départements voisins, qui étaient privés des ressources qu'offrait alors une grande ville comme Marseille.

« L'ex-commissaire investi de ces hautes fonctions et de la confiance du préfet, qui ne voyait que par les gens d'Avignon, traitait chaque jour des affaires qui atteignaient

(1) Cet évêque était de passage à Marseille et avait reçu l'hospitalité chez les PP. Jésuites.

des chiffres incroyables; *on ne vérifiait plus rien*. L'intendant de la garde nationale recevait dans les magasins d'habillement tout ce qui était envoyé de la ville et du dehors, des *souliers à semelles de carton ou à semelles de tan*, des vareuses ressemblant en tous points à de la *toile d'emballage noircie*, des sacs qui ne *pouvaient servir*, des fourniments dont le cuir ressemblait à la basane, des capotes qui étaient usées au bout de quinze jours de service. Bref, on recevait tout ce que beaucoup de fournisseurs peu délicats envoyaient. *On ne comptait même plus les objets reçus ;* cela n'a pas empêché le préfet de nommer cet intendant, dont tout le monde se plaignait avec raison, aux fonctions de major-général des légions mobilisées, poste inutile qu'il a créé tout exprès pour lui, lorsqu'il n'eut plus besoin de ses services au magasin d'habillement et des effets de linge et chaussures.

« Ces faits, comme tout ce que j'ai l'honneur d'affirmer à la Commission, sont de la plus scrupuleuse exactitude. J'ai vu avec M. Lagrange de Langres, successeur de l'intendant nommé major-général, tous les effets dont je viens de parler parfaitement classés et étiquetés comme il suit :

« *Souliers à semelles de carton,*

« *Souliers à semelles de tan,*

« Vareuses impropres à aucun usage, etc., etc. »

Un peu plus loin, le colonel Nicolas ajoute :

« Tous les hommes dont je viens de parler, préfet, intendant, délégué aux fournitures et bon nombre de fournisseurs, ainsi que de nombreux parasites, dont les fonctions sont restées ignorées de tout le monde, *tout ce monde végétait dans une situation de fortune* PLUS QUE MÉDIOCRE. Tous aujourd'hui ont une fortune que l'on peut sans crainte d'être démenti QUALIFIER DE SCANDALEUSE. »

N'est-ce pas que ces révélations sont édifiantes ?

Une chose m'étonne, c'est que l'on n'ait pas encore sollicité auprès de l'Académie un prix de vertu pour les intègres citoyens qui exercèrent le pouvoir à Marseille pendant la dictature de Gambetta.

Voulant contribuer, pour ma part, à réparer cette injustice, je vais faire passer sous les yeux de mes lecteurs quelques renseignements supplémentaires, bien dignes assurément de fixer l'attention de la vénérable compagnie que M. de Montyon a choisie comme exécutrice testamentaire.

J'ai parlé des familiers d'Esquiros, des gourmets *di primo cartello* qui surent apprécier comme ils le méritaient les cigares et les vins fins de M. Levert.

La justice m'impose le devoir de signaler aussi les citoyens qui composaient sa garde civique.

Leur chef, un nommé Paul Gavard, mérite surtout une mention spéciale.

Cet aimable prétorien écrivait au proconsul des Bouches-du-Rhône une lettre où il demandait comme « *indispensablement nécessaire la plus ample autorisation de pouvoir visiter, arrêter, incarcérer, selon les besoins de la République, les gens qui lui étaient nuisibles.* » Les Jésuites excitaient tout particulièrement sa méfiance.

Puis il ajoutait :

« En plus, une PRÉCIEUSE CASSETTE D'ARGENT vient de m'être indiquée ; la somme qu'elle renferme serait d'un grand soulagement à nos besoins. »

Dans une autre missive, l'austère Paul Gavard demandait qu'il lui fût *permis d'opérer plus amplement pour les arrestations.*

Non seulement le citoyen Esquiros ne retira pas sa confiance à ce coupeur de bourses, mais tout fait présumer qu'il lui accorda les pouvoirs les plus étendus, si on en juge par les événements dont Marseille ne tarda pas à être le théâtre.

Pendant que Gavard et sa troupe *opéraient,* sans nul souci du droit de propriété, Esquiros faisait des proclamations où on lisait des phrases dans le goût de celles-ci :

« On brûle nos *bois;* eh bien, remplaçons-les par une *forêt* de baïonnettes !...

« Laissons dormir les *boules* quand les *boulets* déchirent le sol sacré de la patrie. »

Mais le citoyen Esquiros ne se bornait pas à autoriser le pillage à main armée des maisons particulières et des communautés religieuses ; à permettre à ses séïdes d'arrêter et d'emprisonner arbitrairement, après les avoir débarrassés de leurs porte-monnaie, des citoyens inoffensifs ; à rédiger des proclamations ridicules, dont n'aurait pas voulu un élève de rhétorique et qu'eût dédaignées un faiseur de calembours quelque peu jaloux de sa réputation.

Ne pouvant offrir des bals aux contribuables de Marseille, il faisait danser leurs écus avec une aisance que Gambetta connaissait à peine.

Le trésorier général qui était alors à Marseille se montrait quelque peu revêche. Esquiros eût voulu disposer de sommes plus ou moins importantes, car un proconsul a des besoins comme un simple mortel ; mais l'agent du ministère des finances refusait obstinément de lui ouvrir sa caisse. Ce que voyant, l'administrateur qui siégeait à la préfecture eut une idée lumineuse.

A l'inspiration probablement et avec le concours du préfet Delpech et de son secrétaire général, M. Maurice Rouvier, deux employés de commerce que la politique et la Franc-Maçonnerie avaient fait passer de leur bureau de comptables à l'administration départementale, Esquiros créa un trésorier-payeur qui eut pour mission de pourvoir aux dépenses de la préfecture, et dont les bonnes grâces devaient le dédommager des rebuffades qu'il avait essuyées de la part des agents du fisc.

Mais il ne suffit pas d'avoir une caisse; il faut encore — et le détail est d'une importance capitale — qu'elle soit munie de cet accessoire qui en constitue la valeur et en fait l'agrément principal.

Esquiros et son entourage ne s'amusèrent pas à chercher des combinaisons financières compliquées. Ils se bornèrent à adresser des réquisitions au trésorier-payeur général qui dut s'exécuter, peut-être en maugréant, et verser ès mains du trésorier spécial une somme de deux cent mille francs.

Avec cette première mise de fonds, les citoyens administrateurs purent se payer quelques friandises, en échange des soucis qui les accablaient.

Le gibier, le Château-Lafitte, le Château-Margaux, le Champagne, les truffes, les bombes glacées, les cigares *extrà* — Gambetta dirait *exquis* — les sirops, les dragées, les punchs, les fines-Champagne, etc., agrémentèrent dès lors la table préfectorale. Il fallait bien ça pour dédommager Esquiros, Delpech et Cie des privations de tout genre qu'imposaient à nos soldats et à nos mobilisés les fournisseurs attitrés de Gambetta.

Les 204.642 fr. 35 centimes que l'on avait puisés, par voie de réquisition, dans la caisse du trésorier général ne tardèrent pas à être épuisés. On eut alors recours aux fonds provenant de la souscription patriotique, aux dons de la Société républicaine d'Alexandrie, aux reversements de solde, etc., etc.

Grâce à ces nouvelles ressources on put payer les 1.200 fr. de gages donnés à la *femme de chambre d'Esquiros* (sic), et les appointements attribués à l'économe de la cuisine préfectorale.

Outre ces deux personnages, il y avait encore un maître d'hôtel, un cambusier, deux chefs, cinq aides, des marmitons, et..... un chef de cuisine spécialement affecté à l'administration départementale.

Chaque membre du conseil touchait 500 fr. d'appointements par mois ; un joli chiffre, pour des gens qui se bornaient à mener joyeuse vie....... aux frais des contribuables.

L'enterrement civil du fils de M. Esquiros fut payé par la caisse préfectorale ; total : 837 fr., sans compter une dépense de 275 fr. pour 107 paires de gants, que l'on acheta à l'occasion de cette cérémonie funèbre.

Sur les factures acquittées par l'économe de la préfecture, nous voyons figurer, à chaque ligne, des becs-fins par douzaines, des cailles, des grives, des écrevisses, des lièvres, des perdreaux, des boîtes de truffes et de champignons.

Indépendamment des vins fins que j'ai énumérés plus haut, MM. les administrateurs absorbèrent une jolie quantité de Château-Larose, de Château-Graves, et de Château-Médoc.

Je ne parle pas du poisson qui fit l'ornement de la table préfectorale, et que l'on arrosa de Malaga et de Marsala.

Le vermouth de Turin coula à flots et la Chartreuse ne fut pas épargnée, en dépit de son origine monacale.

Je vois encore figurer sur les notes de divers fournisseurs des boîtes de londrès en grande quantité, des bottes à l'écuyère, des ressemelages de souliers, des étoffes pour robes, destinées probablement à la femme de chambre d'Esquiros, etc., etc.

Les blanchisseuses ont, elles aussi, puisé sans compter à la caisse du trésorier spécial.

Mme Delpech, de son côté, prélevait sur l'argent des contribuables les sommes dont elle avait besoin pour ses promenades en landau.

Le proverbe dit que lorsqu'on prend du galon, on ne saurait trop en prendre. Partant de ce principe, elle n'hésitait pas à requérir la compagnie du chemin de fer d'avoir à la transporter gratuitement, aller et retour, de Marseille à Lyon.

La Commission des marchés constate, d'autre part, que M. Esquiros a réclamé successivement le transport gratuit, ou, si vous le préférez, aux frais du budget :

« De Marseille à Lyon, pour la citoyenne Grosbois ;

« De Marseille à Tours, pour Mme Lefèvre ;

« De Marseille à Saint-Marcellin, aller et retour, pour la citoyenne Durand ;

« De Cannes à Marseille, pour Mme Orsani. Cette dernière avait à elle seule 85 kilog. de bagages. »

M. Gent ne se montra pas avare non plus de ce genre de réquisition. Les laisser-passer de Marseille à Avignon et d'Avignon à Marseille figurent pour des sommes considérables dans le rapport de M. de Mornay.

Seulement le citoyen Gent faisait mieux les choses qu'Esquiros; il réquisitionnait pour les dames, pardon pour les citoyennes, qui étaient l'objet de ses faveurs administratives, non plus des compartiments de première classe, mais bien des coupés-lit.

D'aussi galants personnages ne se bornaient pas

à faire les choses à demi. Aussi les bouquetières de Marseille avaient-elles en eux des clients assidus.

Cela se comprend de reste.

Les citoyennes qui voyagaient ainsi aux frais du Trésor participaient au Champagne de la préfecture et mordaient à belles dents, tout le fait supposer, dans les perdreaux et les bombes glacées dont nous avons payé la note.

Or, il semble inadmissible que la table où elles daignaient s'asseoir ne fût pas ornée de fleurs.

Je me suis toujours demandé quel pouvait être le rôle que jouaient ces aimables voyageuses dans le drame sanglant de la défense nationale. Les avait-on chargées de l'organisation des corps francs qui pullulaient dans le Midi? Avaient-elles pour mission d'inspecter les carabines de rebut que nous envoyait l'Amérique? Leur avait-on confié le soin de surveiller l'ennemi, afin d'éviter une surprise? Se bornaient-elles à distraire de leurs nombreux soucis les administrateurs de la préfecture et à les aider de leurs conseils, nouvelles Egéries, dans les cas difficiles?

Mes recherches, sur ce point, sont demeurées sans résultat.

Or, pendant que l'on disposait ainsi, en faveur des protégées d'Esquiros et de Gent, du matériel de la Compagnie Paris-Lyon-Méditerranée, nos mobilisés et nos mobiles du Midi étaient entassés dans des wagons à bestiaux, et dirigés sur Châteauroux, par un froid de 15 degrés au-dessous de zéro!

Le citoyen Delpech, que je viens de faire connaître à mes lecteurs, avait été nommé préfet, sous la haute direction d'Esquiros, par M. Clément Laurier.

En apprenant le choix qu'avait fait son *alter ego*, le citoyen Gambella écrivit à ce dernier :

« Je regrette bien nomination Delpech à Marseille : IL EST INCAPABLE, il sera certainement impuissant (1). »

Delpech ne partageait pas l'opinion du ministre de l'intérieur au sujet de ses aptitudes administratives, car il télégraphiait à Laurier, le 23 septembre 1870 :

« Lourde charge, mon ami, bien lourde et pourtant j'ai le courage de vous le dire : VOUS AVEZ BIEN FAIT... (2). »

Adorable de modestie.

XIII

Où l'auteur va démontrer d'une manière péremptoire qu'Esquiros et Delpech ne doivent pas être regardés comme les seuls administrateurs dont la France ait pu se glorifier sous la dictature de Gambetta.

Dans les départements envahis ou sérieusement menacés, la comptabilité a été je ne dis pas irréprochable, mais suffisamment régulière. Au contraire, dans les départements éloignés du théâtre de la guerre les garanties de contrôle et les règles protectrices des intérêts du Trésor étaient SYSTÉMATIQUEMENT ÉCARTÉES OU NÉGLIGÉES.

Toulouse est, sous ce rapport, un modèle du genre.

Le citoyen Duportal régnait alors en maître absolu sur les bords de la Garonne.

En administrateur qui ne suit pas les chemins battus, Duportal, le grand Duportal, Duportal *Tout-un-Monde* a simplifié bien des choses.

(1) Dépêches off., t. II, p. 252.
(2) Dépêches off., t. I. p. 99.

Nous pourrions appeler ce légendaire administrateur : L'HOMME-CERTIFICAT.

C'est lui, en effet, qui, faisant table rase de toutes les formalités légales, a élevé le *certificat* à la hauteur d'un dogme administratif !!!

Duportal certifiait :

1° Que le fournisseur était dispensé du cautionnement;

2° Qu'il n'était pas astreint à la retenue de garantie;

3° Qu'il était exonéré de l'application des causes pénales en cas de retard;

4° Que les stipulations qui subordonnent le paiement à la livraison complète devaient être considérées comme non avenues;

5° Que les matières avaient été acceptées et prises en charge, etc., etc.

Une vraie machine à certificats !

La Cour des comptes affirme que *toutes les responsabilités ont été assumées par le préfet, dont les déclarations ont tenu lieu de toute autre preuve de la bonne exécution des marchés et de l'utile emploi des deniers de l'Etat.*

Je vous dis sans hésiter que Duportal passera à la postérité sous le nom glorieux de CERTIFICAT Ier.

Comme tous les grands hommes, CERTIFICAT-DUPORTAL fut méconnu par son trésorier-payeur général de la Haute-Garonne, un sceptique sur l'esprit duquel les petits papiers du proconsul ne faisaient aucune impression ; si bien que cet esprit fort ne *voulut procéder au paiement* des fournitures *que sur réquisition !*

Je serais curieux de savoir ce qu'est devenu ce trésorier-payeur. Quelque chose me dit que son entêtement l'aura médiocrement servi auprès des radicaux plus ou moins cramoisis qui ont, depuis cette époque, occupé le ministère.

Mon intention n'est pas, on le comprend, de passer en revue les faits et gestes des divers administrateurs qui ne surent organiser, dans les départements non envahis, que le désordre, la violence, la dilapidation et le vol. La commission d'enquête elle-même a dû se borner.

Les documents recueillis étaient si nombreux qu'elle se vit obligée de faire un choix.

« Le récit de tous les actes arbitraires et coupables, lisons-nous dans le rapport de M. de Rességuier, nous entraînerait, si nous l'entreprenions, à des redites à peu près égales au nombre des circonscriptions administratives dont se compose cette région (le *Sud* et le *Sud-Ouest*); et il nous a paru qu'il était suffisant de vous apporter les résultats de l'enquête dans un seul de ces départements, pour vous faire apprécier l'ensemble du système. »

Comme on a pu le voir jusqu'à présent, le système en question consistait à fouler aux pieds toutes les lois établies, à se moquer de la liberté individuelle et du droit de propriété, à pourvoir ses proches et ses amis de fonctions lucratives, à les soustraire aux obligations du service militaire, tout en chantant la *Marseillaise* et en prônant la levée en masse des citoyens valides, à se goberger avec l'argent des contribuables, pendant que les conservateurs et les cléricaux se faisaient tuer par les Prussiens, ou mouraient de froid et de privations dans les marais infects que l'on nommait par dérision : *les camps de Conlie et de Toulouse.*

« Les fonctions de maires et d'adjoints sont fort recherchées parce qu'elles exemptent du service militaire », télégraphiait lé sous-préfet de Saint-Gaudens, le 3 décembre 1870.

Deux mois plus tard, le citoyen Duportal demandait la destitution de ce malheureux fonctionnaire à l'organisateur de la défaite nationale, Gambetta-Polyphème, parce qu'il avait trouvé mauvais que les républicains soumis à la loi du service militaire se missent à l'abri des balles, en se réfugiant dans les salles des mairies.

« M. Lavigne, disait-il, ne croit plus à la vitalité de la République. »

Il faisait mieux que de ne pas y croire, et le citoyen Duportal, pour être dans le vrai, aurait dû ajouter qu'il n'y tenait peut-être pas, à en juger par le regret qu'il éprouvait de voir les jeunes républicains se soustraire aux ennuis de la vie militaire.

Les plaintes du candide sous-préfet de Saint-Gaudens durent paraître étranges non seulement à son supérieur hiérarchique, mais même aux *généraux* Lissagaray et Périn, que Gambetta avait chargés du camp d'instruction du Sud-Ouest.

L'état-major de ces deux héros improvisés fut composé d'hommes absolument étrangers à la connaissance des troupes et des fonctions qu'ils étaient appelés à remplir. En cela, ils ressemblaient à leurs chefs, que l'on aurait mis dans l'embarras si on les avait priés de commander un feu de peloton.

Lissagaray et Périn nommèrent des officiers d'administration qui n'avaient pas la moindre notion des divers services, et détachèrent dans leurs bureaux une foule de gardes mobilisés, dont tous les titres consistaient dans le désir qu'ils avaient de se soustraire à un service actif.

Cependant les commissaires réquisitionnaient des chevaux et choisissaient pour leur usage personnel ceux qu'ils trouvaient à leur convenance.

Ils passaient des marchés et accumulaient des armes et des munitions sans se rendre compte de rien. Cela est si vrai, qu'après la dissolution du camp on trouva dans les combles du quartier général 3.000 fusils et 300.000 cartouches dont les généraux gambettistes ignoraient même l'existence.

L'indiscipline des soldats égalait, ce qui n'est pas peu dire, l'incapacité des chefs. Les désertions se multipliaient dans des proportions incroyables, et les mutineries étaient fréquentes. On voulut dans une circonstance sévir contre 43 réfractaires que la gendarmerie du Gers avait ramenés au camp ; mais lorsqu'il fallut établir des plaintes les officiers s'y refusèrent, avouant qu'ils n'avaient été nommés à leurs grades qu'à la condition expresse de ne jamais punir les soldats placés sous leurs ordres. Cela prouve que les fonctions électives ont quelquefois du bon pour..... messieurs les électeurs.

Duportal, de son côté, disposait avec une aisance parfaite de la fortune et de la liberté des citoyens qui lui déplaisaient.

La régularité des opérations financières était son moindre souci. Témoin cette dépêche qu'il adressait au préfet de Tarbes :

« J'ai muni nos officiers supérieurs mobilisés de chevaux réquisitionnés, *sans me préoccuper de la question des payements, parce qu'il fallait qu'ils fussent montés. Nous n'aurons que trop de difficultés de ce genre à régler plus tard.* CELLE-LA PASSERA AVEC LES AUTRES. »

Cette franchise est digne à tous égards de notre admiration.

Une autre dépêche qui mérite d'être placée à côté de celle qu'on vient de lire nous révèle une fois de plus à quelles mains était confiée la défense du pays.

« Il y a à gare Toulouse, télégraphiait le général Nansouty au ministère de la guerre, depuis un mois environ, des caisses de fusils adressées à M. Lissagaray. Sont oubliées, que faut-il faire? »

Ce que Lissagaray et consorts n'oubliaient pas, c'était de passer à la caisse, pour y toucher leurs appointements.

Cependant le grand Duportal n'envisageait pas toujours sans crainte *les difficultés qu'il aurait à régler plus tard.* Il prenait donc ses précautions en homme intelligent. Comme il savait que Gambetta joignait à la plus sotte présomption un amour effréné du pouvoir, il s'attachait à flatter ses passions, afin de captiver sa bienveillance.

C'est ainsi que l'on peut expliquer cette dépêche datée de Toulouse le 1er février :

« Affermissez fortement votre *dictature* ; la France *est affolée d'obéissance* et *d'asservissement.* Mettez la République et ses serviteurs à l'abri des calomnies des journaux monarchiques, et la République triomphera. *Décrétez l'obéissance absolue à vos ordres,* et vous aurez décrété la victoire, car nous contraindrons nos mobilisés réfractaires à être des héros. »

Voilà où en était ce Spartacus de la démagogie. L'amour de la liberté se confondait en lui avec l'amour de la dictature, et, en homme affolé d'*asservissement,* il voulait que la France le suivît dans cette voie et pratiquât l'obéissance aveugle aux ordres du *dictateur de l'incapacité.*

Que voulez-vous, il espérait que cet aplatissement aux pieds de Gambetta lui faciliterait le moyen de régler les *difficultés* de comptabilité administrative auxquelles il faisait allusion dans sa dépêche au préfet de Tarbes.

Se souvenant du proverbe latin : *asinus asinum fricat,* Lissagaray, qui devait à Duportal, au grand Duportal, les épaulettes de général de division, voulut se montrer reconnaissant. Il demanda donc pour le fils du proconsul toulousain les épaulettes de colonel du génie.

C'est à ce jeune émule de Louvois que fut confiée l'organisation du camp de Toulouse.

Cette organisation fut telle que les organisateurs, lisons-nous dans le rapport de M. de Rességuier, honteux de leur œuvre, disparurent à la faveur de nos désastres.

XIV

Où l'on est émerveillé du désintéressement patriotique des citoyens que fit éclore la révolution du Quatre-Septembre.

Je n'ai pas la prétention de donner ici la liste complète de tous les aimables farceurs qui, au Quatre-Septembre, jurèrent de sauver le pays, à la seule condition d'émarger au budget.

Avant de s'occuper des armées prussiennes, les chefs du parti songèrent à devenir ministres. On fit beaucoup de nominations, lisons-nous dans la déposition de M. Guyot-Montpayroux devant la Commission d'enquête, mais on négligea les mesures à prendre contre l'ennemi. « C'est une des choses qui m'affligèrent le plus », ajoute le déposant.

Un peu plus loin, M. Guyot disait encore :

« Il faut reconnaître que ces Messieurs couraient tous, à ce moment-là, après la popularité parisienne : ils voulaient tous rester à Paris, parce que c'était un véritable steeple-chase à la popularité. C'est ainsi qu'aucun d'eux ne voulut partir et que fut envoyée cette délégation, composée de Crémieux et Glais-Bizoin, qui devait exciter en province l'étonnement que vous savez et préparer un état si voisin de l'anarchie. »

Si je disais moi-même que ces gaillards-là se souciaient de la France comme de leur première chemise, on m'accuserait de calomnie. Mais le témoignage de M. Guyot-Montpayroux n'est pas suspect de partialité.

Cette déposition est curieuse à plus d'un titre.

Après avoir rappelé que le conseil général de son département avait décidé de faire un emprunt pour subvenir aux frais de la défense nationale, M. Guyot-Montpayroux ajoutait qu'à la suite d'une motion dont il était l'auteur, on nomma une commission chargée de surveiller l'émission et l'emploi de cet emprunt.

« C'est là, continue-t-il, ce qui a empêché le département d'être aussi gaspillé qu'il l'eût été : d'autant mieux que nous avions un des préfets les plus étonnants, pour ne pas dire le plus étonnant de l'époque, M. Henri Lefort, vice-président et l'un des fondateurs de l'Internationale. Je ne crois pas que ce fût un malhonnête homme, mais il n'avait pas assurément toute sa tête. »

Sur ces entrefaites, on apprend que la délégation de Tours veut ajourner les élections d'une manière indéfinie. M. Guyot-Montpayroux se rend alors auprès de ceux dont la France subissait le joug humiliant.

« Je vis M. Glais-Bizoin, poursuit-il, et j'appris bientôt par ses confidences qu'il était très difficile d'empêcher Gambetta d'être *dictateur*. Par lui j'appris que Gambetta avait deux voix, et voix prépondérante comme président, de telle sorte que MM. Crémieux et Glais-Bizoin pouvaient voter comme bon leur semblait ; à lui seul il avait la majorité. On peut voir par là ce que pouvaient être ces délibérations. M. Crémieux nommait et destituait les magistrats ; M. Glais-Bizoin inspectait les francs-tireurs ; mais, en somme, la délégation, c'était le *dictateur* Gambetta. »

Je trouve encore dans la déposition de M. Guyot-Montpayroux un passage qui mérite à tous égards de fixer l'attention des hommes sérieux. Je le cite en entier et je souligne les passages les plus significatifs.

« Le 27 ou le 28 octobre, dit l'ancien député de la Haute-Loire, arriva à Tours tout ce qui, dans le Midi, a été depuis affilié plus ou moins à la Commune. *Tous ces hommes vinrent trouver Gambetta, lui disant de prendre la dictature : Il fallait former, disaient-ils, une assemblée de délégués des grandes villes qui constitueraient le gouvernement.* C'était, comme vous le voyez, la mise en pratique du système des communes fédérées. Ce fait me frappa beaucoup, surtout à cause de l'époque à laquelle il se produisait. *Il est évident qu'un mot d'ordre avait dû être donné, et que ces hommes étaient informés du mouvement qui se préparait à Paris* (1) *et qui eut lieu à Paris*

(1) Que les hommes dont parle ici M. Guyot-Montpayroux fussent informés du mouvement qui se préparait à Paris, c'est ce que l'on ne peut révoquer en doute. *Je savais, dès le 25 octobre, que l'on devait tenter un coup de main contre l'Hôtel-de-Ville.* Je me trouvais, à ce moment-là, dans une ville du Midi, et je fus prévenu de ce qui se tramait par un dignitaire de la Loge de X.....

le 31 octobre. Le plan était évidemment celui-ci : Dans le cas où le 31 octobre réussirait à Paris, *on aurait délégué tous les pouvoirs à Gambetta* assisté de cette fédération dont faisaient partie, je le répète, tous ceux qui, plus tard, *devaient prendre une part si active au mouvement de la Commune.*

« Le mouvement du 31 octobre n'ayant pas réussi, *on les vit aussitôt disparaître.* Ils retournèrent dans le Midi pour organiser la guerre à outrance qui était devenue le mot d'ordre des ultra-radicaux, *surtout à partir du 31 octobre.* Ce sont ces mêmes hommes qui plus tard écrivirent à Gambetta de persister dans sa résistance à Jules Simon, et tâchèrent de peser sur lui en lui assurant que le pays voulait la guerre à outrance. *C'était le mot d'ordre des hommes du 31 octobre ; ce fut plus tard le mot d'ordre des organisateurs du 18 mars : une bande de fous dans laquelle la Prusse comptait certainement des complices* (1). »

Par les quelques détails qui précèdent on peut voir aux mains de quelles gens la France était tombée.

Un des leurs nous l'avoue ingénument : ce n'était pas l'invasion du territoire qui les préoccupait, mais bien plutôt la chasse aux portefeuilles.

Une fois grassement pourvus, ils songèrent à caser les membres de leurs familles. Spuller et Picard donnèrent chacun une préfecture à leur frère. Crémieux choisit celle de la Drôme pour son gendre. Charles Ferry devint chef de cabinet au ministère de l'Intérieur, grâce à la protection de son frère Jules. Je pourrais, en continuant mon enquête, citer vingt pages durant des actes de népotisme tout aussi révoltants que ceux dont je viens de parler.

Quand la série des parents fut épuisée, on s'occupa des amis. La presse et le barreau eurent la plus large

(1) *Actes du gouvernement de la Défense nationale*, tome V, p. 390 et suivantes.

part aux faveurs gouvernementales. Ajoutons, avec M. P. Leroy-Beaulieu, que la plupart de ces administrateurs ne pouvaient pas être considérés comme la fleur du palais et du journalisme (1).

Les affamés de la province virent d'un mauvais œil cette invasion des parisiens à la recherche d'une position sociale.

Aussi, pour couper court à ce débordement d'ambitions malsaines, nos illustrations départementales se hâtèrent-elles de mettre la main sur les fonctions qui étaient à leur convenance.

Les vénérables des loges maçonniques, les candidats malheureux à la députation, leurs courtiers électoraux et les anciens éclopés de nos discordes civiles n'hésitèrent pas à s'emparer qui d'un bureau télégraphique, qui d'une préfecture, qui d'une sous-préfecture. Les parquets furent envahis à leur tour. Une fois installés dans les postes qu'ils s'étaient choisis, ces braves gens télégraphiaient à Tours ou à Paris, pour que le gouvernement ratifiât leur choix et leur donnât l'investiture dont ils avaient besoin.

Voici quelques dépêches prises au hasard parmi celles que le gouvernement recevait, chaque jour par centaines, de tous les points de la France où l'ennemi n'avait pas encore pénétré :

« Narbonne, 6 septembre 1870, 12 h. 10 soir.

« Le citoyen Théodore Raynal arrive d'Espagne et se met à votre disposition. Pour le commissaire de la République. »

Le commissaire de la République était ce bon Raynal lui-même.

Le surlendemain, il télégraphiait à M. Gambetta :

(1) *Revue des Deux Mondes*, 15 mars 1871.

« Ami, vous avez songé à mes collègues et je suis oublié; dois-je venir à Paris ou attendre ici ? Votre tâche est rude, il vous faut des hommes éprouvés. »

Dans une dépêche portant la même date et adressée à MM. Arago, Garnier-Pagès et Jules Favre, il disait :

« Arrivé depuis trois jours, attends instructions. Que dois-je faire ? quel caractère me donnez-vous ?

Le citoyen Raveau, qui s'intitulait *préfet provisoire* de Vaucluse, adressait à M. Cazot la question suivante :

« Pin me remet nombreuses demandes d'emplois à vous soumettre. Faut-il vous les adresser télégraphiquement ? »

M. Labadié patronnait à Marseille un ouvrier maçon qui n'avait pu, disait-il, manier la truelle depuis l'avènement de la République, et il demandait pour lui un poste de *sous-directeur des travaux du département !*... Ineffable !

Un M. Cantonnet, qui avait réussi à mettre la main sur la préfecture de l'Allier, est avisé qu'il va être remplacé.

« Si vous maintenez cette nomination, vos élections seront détestables », se hâte-t-il de tégraphier à Clément Laurier. « J'attends votre réponse *avec anxiété.* »

Parbleu, je le crois sans peine. Cet excellent Cantonnet pouvait être anxieux à moins.

Dans certains départements, deux titulaires appelés au même poste arrivaient en même temps, pour en prendre possession, et passaient plusieurs jours à télégraphier au ministre, afin de savoir lequel des deux céderait la place à l'autre.

Ailleurs, les administrés ne voulaient pas du fonctionnaire que le pouvoir leur envoyait, parce qu'ils en avaient eux-mêmes choisi un.

Heureux les neveux dont les oncles étaient influents et surtout persévérants !

Oyez plutôt M. Thourel, procureur général à Aix. Le 27 septembre, il écrivait à M. Crémieux :

« *Songez à mon neveu méritant à tous égards !* » Le surlendemain : « *N'oubliez pas mon neveu !* » — Le 6 octobre : « *La place est libre et promise à mon neveu, qui la mérite à tous égards, la lui refusez-vous ?* » — Le 8 du même mois : « *Colonna a présenté mon neveu seul pour Nimes ; si vous le nommez, télégraphiez-moi.* » — Le 9 : « *Et mon neveu ?* « La nomination n'arrivant pas, il revient à la rescousse : « *Ne pourrez-vous placer Henri Thourel à Nimes, où la Cour entière et le barreau l'acclament et le réclament ?* »

Quel oncle ! mon Dieu, quel oncle !

XV

Une grande infortune. — Episode.

Un quémandeur de places lucratives, dont les infortunes sont devenues presque légendaires, c'est le citoyen Blache. Jérôme Paturot à la recherche d'une position sociale ne peut donner qu'une bien faible idée des péripéties par lesquelles le malheureux Blache a dû passer, non pour réussir dans ses desseins, mais pour échouer piteusement.

Comme la plupart de ses congénères politiques, le citoyen Blache a une haute idée de ses facultés intellectuelles et des éminents services que la patrie peut attendre de lui.

Le 4 septembre, Blache se dit que le moment était venu de se faire un nom et..... une position.

Pour être ce qu'elle devait être, notre organisation militaire n'attendait que l'entrée en scène du citoyen Blache. Il se fit donc nommer commissaire de la Défense nationale dans les Alpes-Maritimes, après avoir été maire de Toulon, au 4 septembre, puis sous-préfet de cette ville, et préfet nommé en même temps que dégommé du département du Var.

A la nouvelle que Nice allait être confiée au génie militaire de Blache, le général de Moltke, effrayé, songea, dit-on, à battre en retraite. Heureusement pour les envahisseurs, M. Pierre Baragnon refusa de se dépouiller, au profit du nouveau venu, d'une partie de ses attributions. Il s'appuyait, en agissant ainsi, sur la bonne opinion qu'avait de ses talents M. Gambetta père, lequel déclarait hautement que son protégé *se tirait admirablement de cette grave position*.

Que faire ? Il fut décidé que le citoyen Blache serait placé sous les ordres de M. Baragnon. C'était humiliant pour le grand homme qui devait sauver Nice de l'invasion allemande.

Mais le génie ne connaît pas ces susceptibilités vulgaires.

Blache accepta.

A ce grand acte d'abnégation il fallait une récompense.

On pensait, et Blache était de cet avis, qu'un siège à l'assemblée nationale ne serait qu'une faible rémunération des services qu'allait rendre à la patrie le lieutenant du préfet Baragnon.

Or, pour lui faciliter le moyen de captiver le suffrage universel, qui fait et défait à son gré ceux qui, à leur tour, font et défont les lois avec plus de facilité que d'intelligence, il fut résolu que l'on nommerait M. Tardy père, sous-préfet à Puget-Théniers.

Donner à M. Tardy père un poste de sous-préfet, c'était s'assurer l'estime et l'affection de M. Tardy fils, ce qui n'était pas à dédaigner, car M. Tardy fils rédigeait à cette époque le journal influent de Toulon.

On pensait avec raison que M. Tardy fils n'hésiterait pas à faire un éloge bien senti du citoyen Blache à MM. les électeurs, et qu'il paierait ainsi, en prose de bon aloi, le service rendu à son vénérable ascendant.

Blache se considérait comme déjà élu. Il voyait, dans ses rêves, la tribune occupée par un orateur dont la voix éloquente captivait l'assemblée et lui arrachait des bravos enthousiastes.

Et cet orateur c'était lui-même.

Mais, on l'a dit depuis longtemps, il y a loin de la coupe aux lèvres.

Pendant que l'infortuné Blache se laissait aller à la contemplation d'un avenir tissé d'or et embelli de lauriers, ses ennemis minaient secrètement le terrain sous ses pas.

Plusieurs citoyens de Nice, et à leur tête Gambetta père et Alphonse Karr, adressèrent sournoisement, pour ne pas dire traîtreusement, la dépêche suivante à Mme Crémieux :

« Laurier a envoyé à Nice le citoyen Blache : prière à M. Crémieux de lui donner au plus tôt une autre destination. Sa présence crée déjà des conflits inévitables et fait naître des bruits dangereux pour notre département dont le calme est parfait. Baragnon suffit ici ! »

Quelle perfidie ! Les conspirateurs cherchaient à aliéner au grand patriote qui avait résolu de mettre

Nice à l'abri de l'invasion Mme Crémieux elle-même. Les misérables n'ignoraient pas qu'au moyen de cette habile tactique ils arriveraient sûrement à se concilier le ministre de la justice, dont ils connaissaient la tendresse conjugale.

Pour comble de malheur, le citoyen Blache, toujours absorbé par ses plans de défense nationale, se rendait à Draguignan ces jours-là même.

Le perfide Baragnon, qui ne négligeait rien pour perdre son ennemi, se hâtait de télégraphier au gouvernement : « Je vous conjure de le retenir à Draguignan. »

Baragnon avait compté sans Laurier, l'ami dévoué de Blache et l'admirateur de ses brillantes facultés. Grâce à ce protecteur puissant, Blache, que ses détracteurs croyaient à jamais enseveli dans les murs de la petite ville qui sert de chef-lieu au département du Var, rentrait triomphant à la préfecture de Nice.

Gambetta père, exaspéré d'avoir échoué en cette affaire, télégraphiait à Tours :

« C'est incompréhensible ; si Paris pas bloqué, rectifierais tout. »

Le blocus de Paris fut le salut de Blache, salut, — hélas ! auquel vinrent se mêler de cruelles émotions, lorsqu'on apprit à Nice que Gambetta fils venait d'arriver à Tours.

Cependant notre héros n'hésita pas à lutter vaillamment contre la fortune adverse. Les grandes âmes ne se laissent point aller au découragement. Il prit donc sa bonne plume de Tolède et écrivit successivement à Clément Laurier et à M. Steenackers, des lettres capables de toucher les cœurs les plus durs. Il supplia le nouveau ministre d'avoir égard aux services qu'il avait déjà rendus et qu'il ne tarderait pas à rendre encore à la République.

Son éloquence ne fut pas entièrement perdue.

Gambetta envoya, il est vrai, Marc-Dufraisse dans les Alpes-Maritimes, avec des pouvoirs extraordinaires, mais sans que Blache fût disgracié pour cela.

Une lueur d'espoir traversa l'esprit du grand homme qui écrivait dans un élan de joie :

« Sa venue (de Marc-Dufraisse) me comble de joie, je le servirai avec bonheur, *mais laissez-moi le* TITRE DE PRÉFET ! »

Mais il paraît que les infortunes de Blache ne devaient point finir. Marc-Dufraisse revendiqua le titre que le malheureux voulait conserver à tout prix. Néanmoins, touché de compassion pour cette noble victime du dévouement patriotique, le délégué de Gambetta demanda en sa faveur la préfecture des Basses-Alpes.

Vain espoir !

Le titulaire qu'on voulait déposséder se cramponna à son poste et y resta.

Qu'allait devenir Blache en présence de l'obstination facilement explicable de M. Esménard-Dumazet? On se le demandait anxieusement dans les rues de Nice.

Par une heureuse inspiration, le gouvernement conserva au citoyen Blache son titre de commissaire à la Défense. Cette nouvelle rassura les Niçois.

Cependant la noire envie distilla son venin dans le cœur de Marc-Dufraisse, qui n'eut plus dès lors qu'une seule préoccupation : se débarrasser de Blache.

« Mandez Blache à Tours, écrivait-il le 3 novembre, donnez-lui destination qui ne lui laisse plus aucune action politique dans le Midi. »

Puis, craignant que le gouvernement de Tours ne pût pas confiner le grand homme dans un lieu suffisamment éloigné de la région qu'il avait illustrée, il télégraphia au ministre :

« Envoyez Blache à Florence pour s'éclairer auprès de Senard sur les menées du gouvernement italien à Nice. »

C'est une expulsion déguisée, hypocrite que réclame le tyran Marc-Dufraisse.

Mais cette combinaison perfide ne réussit pas. Le proconsul s'adresse alors à M. Crémieux dont il cherche à toucher le cœur sensible :

« Vieil ami, s'écrie-t-il, il me faut un siège de procureur général dans une petite cour, ou tout au moins de premier avocat général, dans une cour d'un ordre plus élevé. Chambéry conviendrait admirablement. Avez-vous une vacance ? Sinon faites-en une à l'aide de remaniement. Il y a de graves raisons pour que ma demande soit exaucée sur-le-champ. »

Quel est donc le candidat en faveur duquel Marc-Dufraisse réclame un poste élevé, et surtout éloigné de Nice, dans la magistrature debout ? Ai-je besoin de le dire ? ce candidat, c'est Blache. Et afin que sa prière soit plus sûrement exaucée, il fait un éloge à outrance de celui dont il veut se débarrasser.

« C'est un des avocats les plus connus et les plus distingués de la Provence, répète-t-il. Par la maturité de son esprit, par son intelligence politique, par son dévouement républicain, il est à la hauteur de la situation que l'on réclame pour lui. »

Crémieux garde le silence.

Marc-Dufraisse insiste.

« Mon vieil ami, écrit-il au garde des sceaux, vous êtes investi des pleins pouvoirs du gouvernement de l'Hôtel de Ville dont vous êtes membre, et de plus l'un des délégués souverains à Tours. Vous pouvez donc ce que je demande. Mon candidat vaut autant, si ce n'est plus, que chacun des 27 premiers avocats généraux de la République. En conséquence, veuillez appeler M. Blache aux fonctions de premier avocat général d'une cour d'appel et de préférence dans le Midi. Je me dévoue pour conserver Nice à la France. C'est bien le moins qu'on fasse droit à une de mes humbles suppliques. Ma chaire de droit m'attend toujours à Zurich, et le gouvernement fédéral serait heureux de m'y voir remonter. »

Le vieux père Crémieux, pour des raisons qui ne sont pas arrivées jusqu'à nous, continue à faire le sourd.

A partir de ce moment, toutes les dépêches de Marc-Dufraisse roulent sur le même sujet.

Et le gouvernement continue à se taire, comme s'il ne trouvait pas un poste, un seul, qui fût à la convenance du citoyen Blache.

Enfin Gambetta, craignant pour la raison de son représentant dans les Alpes-Maritimes, se décide à éloigner Blache de la ville de Nice ; mais il se demande, anxieux, lui qui n'a jamais douté de rien, quelle mission il pourrait bien lui confier.

Nommez-le, dit Marc-Dufraisse, à la préfecture du Var.

La combinaison échoue.

Marc-Dufraisse désespéré tourne ses regards du côté des Basses-Alpes. Il pense que le protégé dont il veut se défaire à tout prix n'est point dédaigneux de la belle nature et des sites pittoresques.

Ne pourriez-vous pas, demande-t-il au dictateur, le

prier de s'installer à Digne? Gent, alors préfet des Bouches-du-Rhône, unit ses supplications à celles de Marc-Dufraisse. Il est donc probable que le citoyen Blache sera chargé de l'administration des Basses-Alpes. Déjà Sisteron se trémousse de bonheur, au milieu de ses rochers que baigne la Durance aux flots impétueux, et Barcelonnette exulte, oubliant ses frimas.

Tout semblait devoir réussir, lorsque tout échoua cette fois encore !

Quelle est donc la cruelle divinité qui poursuit ainsi l'organisateur de la défense nationale dans l'ancien comté de Nice? Serait-ce la vindicative Junon? Serait-ce la sombre Proserpine? Ne serait-ce point Thétis? La reine des flots méditerranéens n'aurait-elle pas été froissée des tendres sentiments de Blache pour quelque heureuse rivale? Le héros n'aurait-il pas commis l'imprudence de courtiser la déesse de la beauté, alors qu'accompagnée de ses nymphes elle venait se baigner non loin du golfe Jouan, et provoqué de la sorte la jalousie du dieu qui forge les foudres de Jupiter?

Quoi qu'il en soit de ces diverses hypothèses, aussi vraisemblables les unes que les autres, les Basses-Alpes n'eurent pas le bonheur de posséder l'illustre Blache.

Marc-Dufraisse ne se lasse pas. Il intéresse le procureur général d'Aix en faveur du délégué à la Défense des Alpes-Maritimes.

Le bon procureur, touché de tant de maux, s'adresse à M. Crémieux et demande pour le BRAVE Blache la place de substitut à Marseille.

« C'est une récompense bien au-dessous de ses services, s'écrie-t-il, mais il l'acceptera ! »

Et les fonctions de substitut à Marseille échappent encore à Blache, quoique, par un effort d'abnégation vraiment surhumain, il consentit à accepter ce poste, *qui était bien au-dessous de ses mérites*, ainsi que l'affirmait le procureur général.

Se souvenant alors des aptitudes militaires du *grand avocat* de la Provence, on songe à lui donner la vice-présidence du camp des Alpines. Toutes les difficultés semblent devoir s'aplanir. La France ne tardera pas à voir le savant organisateur à l'œuvre.

Le Midi, l'Est et l'Ouest commencent à respirer. Le Nord même laisse échapper un soupir de satisfaction. Du camp des Alpines, grâce au génie de Blache, partira le salut de la patrie.

Hélas! trois fois hélas! la France avait compté sans les destins adverses. Elle avait compté surtout sans les ambitieux qui jalousaient les brillantes facultés de Blache et l'immortel éclat de sa future grandeur.

Le 13 décembre 1870, — date néfaste! — à 11 heures du soir, — alors que les génies malfaisants s'échappent de l'abîme, une dépêche partait de Marseille à l'adresse de M. de Freycinet. Elle était ainsi conçue :

« Comme il se pourrait que, sur ma dépêche de ce soir, vous ratifiassiez la liste de présentation que je vous ai adressée le 8 et le 9 pour les grades supérieurs des fonctionnaires du camp, je vous avise que je suis forcé d'y faire un changement. M. Rouvier, mon secrétaire général, de qui je n'ai eu qu'à me louer extrêmement depuis que je suis à Marseille, veut absolument se faire soldat et je ne puis pas ne pas le proposer ou le nommer pour vice-président du camp. Du reste, sa connaissance complète des hommes de ce département le rendra précieux dans un poste que nul ne peut mieux remplir que lui. Je le regrette pour Blache, mais entre Rouvier et lui, il ne m'est pas permis d'hésiter, quelque pénible que cela me soit, je préfère Rouvier, prenez-en note au besoin. »

Je le regrette pour Blache !

Mot cruel, qui a dû être pour le cœur du grand homme odieusement méconnu une source inépuisable d'amertumes.

Que devint Blache après ce dernier déboire ? Je l'ignore. Peut-être se retira-t-il dans la solitude. Qui ne sait que l'on oublie plus vite et plus aisément la perte de ses illusions, quand on a le courage de renoncer au commerce des hommes ?

Blache avait lu sans doute, car Blache est un lettré, que les filles de Juda, dont le cœur n'avait pu s'unir à celui d'un époux, s'en allaient gémissant et pleurant à travers les montagnes, parce que le ciel leur refusait la faveur d'être mères.

Ainsi fit-il, selon toute apparence.

Cependant, après dix longues années, le citoyen Blache a reparu. Lorsqu'au mois d'août 1881, le perfide gouvernement que subit la France convoqua les collèges électoraux, l'ancien délégué à la Défense nationale dans les Alpes-Maritimes sortit de sa retraite et s'écria : Me voici !

Il n'hésita pas, car il n'hésite jamais, à affronter le scrutin; mais le scrutin lui répondit par ce mot fatidique : BLACKBOULÉ !

Le bruit a couru qu'après cette dernière infortune, Blache, renonçant pour toujours aux vanités de ce monde, s'était retiré dans un monastère de moines espagnols.

Puisse la grâce l'y sanctifier et le ciel avoir un jour son âme ! *Amen.*

XVI

Où l'on verra que les pigeons voyageurs de la poste et du télégraphe, en 1870-1871, étaient peut-être des..... canards.

La Cour des comptes, en étudiant les *comptes plus que fantastiques* de l'homme aux côtelettes légendaires (1), du dictateur aux riches fourrures, de Giacometti, de Ferrand, et autres illustrations de ce temps de chevalerie, de souliers à semelles de carton, et de fournisseurs qui empochaient l'argent et ne fournissaient rien, la Cour des comptes, dis-je, a fait la découverte d'un nommé Robert, chef de station du service télégraphique. Son nom serait aujourd'hui fameux, n'était la pléïade de célébrités qui ont si tristement illustré la République en ces jours de malheur.

Le sieur Robert fut chargé par Gambetta, le 26 octobre 1870, d'une mission spéciale « ayant pour but d'assurer la correspondance du gouvernement avec Paris et les différents points du territoire envahis par l'ennemi. »

M. Robert reçut de ce chef une somme totale de 411.797 fr. qui lui fut payée par fractions de 10.000, 20.000 et 40.000 fr.

Que sont devenus, à quoi ont été employés ces 411.797 fr.? La Cour des comptes n'y a vu que du bleu, *aucune justification d'emploi n'ayant été pro-*

(1) La responsabilité des irrégularités administratives commises à Paris pendant le siège retombe en partie sur M. Jules Ferry qui trônait alors à l'hôtel de ville.

duite. Elle a cherché la lumière, elle a interrogé le ministre de l'intérieur, et la lumière n'est point venue. Le ministre de l'intérieur a répondu qu'en réalité, ce n'était pas le sieur Robert qui avait touché cette somme, qu'il n'avait servi que d'intermédiaire entre le Trésor et M. Steenackers, directeur général des télégraphes et des postes, que ce dernier s'était servi de cet argent pour indemniser un grand nombre de messagers, chargés de porter des dépêches ou de transmettre des nouvelles; que la mission de M. Robert consistait uniquement à toucher les deniers du Trésor et à les remettre au fur et à mesure des besoins de M. Steenackers; qu'il *servait par le fait et dans des conditions spéciales d'intermédiaire pour le paiement des dépenses secrètes;* et *patati* et *patata.*

Voilà des explications qui n'expliquent rien du tout. La Cour des comptes a été absolument de cet avis.

Gambetta a cherché à assimiler ces dépenses aux fonds secrets, dont le ministre n'a pas à rendre compte en la forme ordinaire. Malheureusement pour lui les décrets qui ont concouru à l'ouverture des crédits pour *transport des correspondances par modes spéciaux* ont uniformément spécifié *qu'il serait rendu un compte général de ces crédits.*

Cela résulte, non seulement du texte de ces décrets, mais encore d'une note insérée le 24 janvier 1871 au *Bulletin officiel* du ministère de l'intérieur.

En réalité, aucune pièce, aucun document ne justifient de l'emploi de ces 411.797 francs.

Avouez, citoyen Gambetta, que vous êtes d'un laisser-aller qui dépasse la mesure, quand il s'agit de questions financières.

Comment! vous distribuez une somme de cette

importance à des émissaires chargés de dépêches officielles, et vous ne demandez aucun reçu, et vous ne pouvez fournir aucune note, aucun semblant de comptabilité !

Les explications données à la Cour des comptes par Gambetta et l'ami Steenackers me laissaient rêveur, lorsqu'un document publié en 1872, et reproduit par la *Comédie politique* (n° du 26 janvier 1879) m'est tombé sous les yeux. Je l'emprunte à cet excellent journal.

Le 15 juin 1872, écrit M. Ponet, un Anglais, M. Aspinall, a fait à Londres, devant la Cour de l'Echiquier de la Reine, la déclaration suivante :

« Je suis parti pour la France avec le directeur de la compagnie de Cannon-Street, M. Gray, auquel j'ai servi d'introducteur auprès de M. Steenackers, à Tours.

« Au cours de la discussion qui s'est engagée, une difficulté s'étant élevée, qui touchait à l'ordre politique, M. Steenackers est monté à l'étage supérieur pour en référer à M. Gambetta et est descendu ensuite pour continuer la conversation.

« L'entrevue terminée, nous sortions, quand M. Souvinet, cousin de M. Steenackers, et qui avait assisté à notre conversation, nous a rejoints dans le couloir.

« — Il est bien entendu, nous a-t-il dit alors, que tout ceci restera entre nous comme vous l'avez mandé dans votre lettre. Maintenant, M. Steenackers m'envoie vers vous pour vous demander si vous n'avez pas l'intention de lui donner une commission.

« — Combien ? dit-on.

« — 5.900 livres (125.000 fr.), sur un marché total de 2.700.000 fr.

« M. Gray accepta. Après quoi nous sommes allés dîner à l'hôtel de Bordeaux.

« Vers la fin du repas, on annonce de nouveau M. Souvinet.

« — M. Steenackers, nous dit-il, trouve, après réflexion, que 125.000 fr. ne sont pas une prime suffisante. Il en demande à présent 250.000.

« — Soit, dit M. Gray.

« Il est convenu que les noms de MM. Steenackers et Souvinet ne paraissent pas dans l'affaire. C'est en mon nom à moi, Aspinall, que sont souscrites les traites. C'est moi qui devais signer les reçus.

« Le 27 ou le 28 novembre, M. Souvinet est arrivé à Londres, apportant le contrat modifié, réduit à 2.480.000 fr. En conséquence de cette modification, M. Steenackers, spontanément, réduisait sa prime à 200.000 fr.

« Sur les 200.000 fr., M. Souvinet en a touché immédiatement 100.000 en billets de mille livres de la Banque d'Angleterre. C'est moi qui ai signé les reçus. »

La *Comédie politique* ajoute :

« Cette déclaration de M. Aspinall a été, en 1872, publiée par tous les journaux de France et d'Europe.

« A cette époque, on s'attendait, tout naturellement, à une réponse de MM. Gambetta et Steenackers.

« M. Gambetta ne répondit pas.

« Quant à M. Steenackers, il répondit... qu'il ne répondrait pas. »

M. Ponet est d'avis que ce silence est insuffisant comme justification.

En lisant ce chapitre des faits et gestes de l'ami Steenackers et du citoyen Gambetta, on se rappelle involontairement la dépêche que ce dernier adressait de Bourges à son copain alors à Bordeaux.

« Bourges, 16 décembre 1870, 10 h. 17 du soir.

« CIGARES EXQUIS. SOYEZ TOUJOURS GAI ET DE BONNE « COMPOSITION. SALUT ET FRATERNITÉ A VOUS, AU PRÉFET « ET A TOUT LE MONDE.

« LÉON GAMBETTA. »

Le 16 décembre ! A ce moment-là, nos malheureux soldats, vêtus et chaussés comme savait les vêtir et les chausser le Gouvernement de la *Défaite nationale*, mouraient de froid et de misère dans les prisons allemandes, tombaient sur les champs de bataille, ou se traînaient péniblement au milieu des neiges, n'ayant d'autres armes que les fusils sans lumière dont la République du Quatre-Septembre les avait munis.

Comme les *cigares exquis* de Gambetta font bien dans ce tableau de la souffrance !

SOYEZ TOUJOURS GAI !

Evidemment la gaîté est de mise quand la patrie est envahie, quand le pays est ruiné et que la nation tout entière est plongée dans la désolation !

D'innombrables familles sont en deuil, les Allemands pressurent sans pitié les départements envahis, la France est à la veille de subir le sort de la Pologne.

N'importe ! SOYEZ TOUJOURS GAI !

Et, en effet, pourquoi se désoler des malheurs de la France quand on n'est pas Français ? Pouvons-nous exiger que ce fils de Génois verse des larmes sur nos malheurs ? Laissez-le donc fumer en paix ses *cigares exquis*, et ne troublez ni sa digestion ni sa gaîté.

XVII

Où l'auteur démontre que Gambetta, tout habile qu'on le suppose, a été un peu moins rusé que trois farceurs de l'Amérique du Nord.

Les rusés brocanteurs dont il est ici question s'appelaient Billing, Valentine et Saint-Laurent.

Ces trois individus vinrent à Tours, en novembre 1870. Ils se proposaient de vendre au gouvernement français des batteries de canons qui avaient servi dans la guerre de sécession quelques années auparavant.

Billing, Valentine et Saint-Laurent se présentèrent d'abord à la Commission d'armement que présidait M. Lecesne, et lui offrirent les susdites batteries à 75.000 francs l'une.

Leurs offres furent repoussées, car M. Lecesne savait, par le général américain Ripley, que le gouvernement des Etats-Unis cèderait les batteries en question à 30.000 francs prises sur place. D'autre part, M. Remington déclarait qu'on pourrait aisément les avoir à 36.000 francs rendues en France.

Voyant qu'il ne leur était pas possible de réussir auprès de M. Lecesne et de la Commission d'armement, Billing, Valentine et Saint-Laurent s'adressèrent à Gambetta qui les accueillit de la façon la plus gracieuse.

M. Lecesne, apprenant qu'on allait acheter ces batteries au prix demandé par les trois Américains, se rendit en toute hâte chez le dictateur. Ayant rencontré Alfred Naquet dans les antichambres, il le mit au courant de toutes choses, et lui fit aisément comprendre que l'on ne pouvait, à moins d'être fou, payer 75.000 francs à un entremetteur ce qu'il était possible d'acheter 36.000 en s'adressant au propriétaire.

Alfred Naquet répondit à M. Lecesne que l'on avait rédigé le contrat, mais que rien n'était conclu d'une manière définitive, qu'il se rendait auprès de Gambetta et que l'affaire n'aurait pas de suite.

Le citoyen Naquet était d'autant mieux en situation de tenir ce langage, qu'il présidait la Commission d'étude instituée par Gambetta. C'est avec lui que les trois Américains s'étaient tout d'abord abouchés après leur échec auprès de M. Lecesne.

Que croyez-vous qu'il arriva ?

Le lendemain, peut-être le jour même, le traité était signé et les batteries achetées 75.000 francs.

Mais poursuivons :

On avait stipulé dans le marché qu'une garantie d'un million serait acquise au gouvernement français : 1° si le contrat n'était pas exécuté ; 2° s'il n'était exécuté que partiellement.

Or, le million ne fut jamais versé. De plus, on accorda aux Américains une provision de 6 millions chez le banquier Morgan, à Londres.

Ajoutez que l'on avait oublié de fixer un délai de livraison, après lequel le traité se trouverait résilié et le million de garantie acquis au Trésor.

Comme on le voit, l'intelligence de Gambetta et de ses copains de la Commission d'étude a brillé dans cette affaire d'un éclat tout particulier.

Quoi qu'il en soit, lorsque les fameuses batteries américaines, connues sous le nom de batteries Parrott, arrivèrent en France, M. Gambetta était déjà à Saint-Sébastien. M. Thiers voulut résilier le traité. Mais ce fut inutilement. Les Américains saisirent les 6 millions déposés à Londres. Il fallut transiger. Les négociateurs français parvinrent à rendre ce marché un peu moins désastreux, et le Trésor en fut quitte pour 2.603.200 francs.

Portons cette somme au *débit* de M. Gambetta.

Vrai Dieu ! quel homme intelligent !!!

XVIII

Où l'on prouve que le citoyen Gambetta n'apporte pas beaucoup de discernement dans le choix de ses amis.

Connaissez-vous William-Nicolas de Mattos? Non, n'est-ce pas? Eh bien, je ne le connaîtrais pas plus que vous, sans la pensée que j'ai eue de compulser les in-folio où la Cour des comptes, la Commission des marchés, etc., ont eu soin de consigner les faits et gestes des affreux coquins qui se sont enrichis à la faveur de nos désastres.

William-Nicolas de Mattos est un de ces commerçants phénomènes qui perdent plus ou moins sur chacune de leurs opérations, mais qui trouvent ensuite le moyen de se refaire sur l'ensemble.

Supposons un instant que vous faites le commerce des bêtes à cornes : supposons de plus que vous avez quatre cents paires de bœufs à vendre et que vous perdez 150 francs net sur chaque paire. Vos quatre cents paires de bœufs une fois vendues, vous vous trouvez avoir réalisé une jolie fortune.

Vous ne comprenez pas, je parie, et vous commencez à croire que j'ai l'intention de me gausser de vous. — Eh bien, non! tout ceci est fort sérieux et d'une exactitude absolue.

Suivez-moi bien, je vous prie.

M. William-Nicolas de Mattos avait organisé à Londres un commerce de charbon de terre. Au grand étonnement de ses compatriotes, il vendait sa marchandise au-dessous du cours, à la seule condition d'être payé comptant.

Ce genre de commerce ayant paru suspect à la Cour de la Banqueroute, l'honnête William-Nicolas de Mattos fut mandé devant les magistrats et sommé de fournir des explications tout au moins spécieuses.

Cet excellent homme déclara alors, sous la foi du serment, le 1er février 1864, que son actif était de 2.250.000 francs, et son passif de 12.580.877 francs 15 centimes.

L'excédent du passif s'élevait donc à 10.330.877 fr. 15 centimes.

Cet excédent permit à M. de Mattos de recommencer à nouveaux frais le même genre de négoce. Cette fois, il opéra sur une moindre échelle, si bien que son passif ne fut que de 2.062.555 francs, tandis que son actif s'élevait au chiffre fabuleux de 126 francs 62 centimes.

William-Nicolas de Mattos avait évidemment la bosse du commerce.

Aussi devint-il un des auxiliaires les plus actifs du citoyen Gambetta, pendant que ce dernier exerçait sa dictature à Tours et à Bordeaux.

Le 15 décembre 1870, de Mattos signa avec le ministre de la guerre, *il signor* Gambetta, un traité par lequel il s'engageait à fournir au gouvernement de la Défense nationale 4 millions de cartouches, au prix de 148 francs le mille.

La livraison totale devait se faire entre le 1er janvier et le 28 février 1871.

Or, pendant que Gambetta achetait des cartouches à William de Mattos, à raison de 148 francs le mille, un certain nombre de maisons anglaises en offraient à 93 francs 75 centimes. Ce dernier prix eût été réduit probablement, si on avait négocié avec les vendeurs. Quoi qu'il en soit, entre les cartouches vendues par de Mattos et celles que Gambetta eût pu acheter, s'il l'avait voulu, il y avait un écart de 54 francs par mille.

Est-ce que la livraison des cartouches, qui devait commencer, aux termes du traité, le 1er janvier 1871, et finir le 28 février suivant, se fit d'une manière régulière ? Allons donc !

Les fournisseurs n'avaient pas à se gêner avec le citoyen Gambetta.

Le premier envoi partit le 11 mars du port de Southampton ; le deuxième envoi le 21 mars ; le troisième envoi le 13 avril. En tout : 1.281.840 cartouches.

La dépense était de 189.702 francs 32 centimes. Grâce à l'intelligence administrative de la boule de graisse qui présidait alors à nos destinées, le Trésor fit une perte sèche de 70.000 francs, puisqu'on avait acheté à de Mattos 148 francs le mille, des cartouches qu'il était facile d'avoir à 93 francs.

*
* *

En 1871, il y avait à Londres un fabricant de selles nommé Mason. M. Mason est un homme fort honorable ; rien, du moins, n'est venu prouver le contraire. Or, le susdit M. Mason offrait des selles au gouvernement de la *Dépense nationale* au prix de 87 fr. 50 cent. Ces conditions étaient fort acceptables et un gouvernement *inintelligent* les eût acceptées ; mais le citoyen Gambetta qui a, sans doute, hérité du génie de Gamberlé Ier, en jugea d'une manière différente.

Au lieu d'acheter directement les selles dont on avait besoin au fabricant Mason, le dictateur eut recours à l'honnête William de Mattos.

Celui-ci, reconnaissant de la confiance que lui

accordait le ministre de la guerre, vendit 1.500 selles de cavalerie au gouvernement de la *Ruine publique*, se qualifiant de la *Défense nationale*, au prix de 150 fr. pièce.

Par suite d'un échange de dépêches où se révèlent une fois de plus les aptitudes intellectuelles de Gambetta, de Mattos obtint que sa fourniture de selles s'élevât de 1.500 à 4.500. — Or, 4.500 selles à 150 francs donnent un total de 675.000 francs. Si on les avait prises directement chez le fabricant Mason, à raison de 87 fr. 50 cent., le Trésor aurait réalisé un bénéfice net de 281.250 francs.

Notons que le gouvernement de la *Défense nationale* a acheté, dans une série de 36 marchés, 33.800 selles, ce qui correspond à une dépense de 5 millions de francs environ.

Je n'exagère pas en affirmant que, grâce à l'incapacité du citoyen Gambetta, le Trésor et, par suite, les contribuables ont fait une perte sèche de 2 millions au moins.

Que l'on vienne encore nous dire, après cela, que l'ancien buveur de chopes du café Procope n'est pas un homme de talent !

De ce chef, Gambetta doit être considéré comme débiteur du Trésor de 2 millions au *minimum*. Ci : 2 millions.

XIX

Où mes lecteurs vont faire connaissance avec un des farceurs les plus carabinés qu'ait fait surgir la science administrative de Gambetta.

« Dans l'affaire Vallobra, a dit un écrivain que je soupçonne d'être un peu méfiant, il y a eu distribution de pots-de-vin, cela ne saurait être douteux un instant. »

L'accusation me paraît grave, car elle va frapper en pleine poitrine des hommes qui occupaient alors de hautes positions dans le monde officiel.

Qu'est-ce donc que Vallobra ? Un fabricant de produits chimiques. En cette qualité, Vallobra devait être chargé de la fourniture des havre-sacs, sa profession et les havre-sacs ayant un lien de parenté que tout le monde saisira.

Donc Gambetta conclut avec le susdit Vallobra un traité en vertu duquel le fabricant de produits chimiques s'engageait à fournir 100.000 havre-sacs.

La livraison était fixée au 31 décembre 1870. En cas de non-exécution de cette clause, Vallobra devait subir une retenue de 1 centime par franc et par jour.

Mais Vallobra ne s'inquiète pas de cela ; et comme son bailleur de fonds lui fait des observations à ce sujet, le chimiste répond qu'il a au Pouvoir des personnes bienveillantes pour lui et qu'on ne lui fera pas de retenue.

Vallobra pouvait, en faisant fabriquer en France, éviter les frais de douane et économiser 112.000 fr. — Mais Vallobra, qui se moquait de la douane comme de Colin-Tampon, s'empressa de traiter avec des fabricants anglais. Le timide bailleur de fonds intervient de nouveau, et prétend que 112.000 francs d'économie ne sont pas à dédaigner. Vallobra sourit malicieusement et répète au bonhomme son refrain habituel : J'ai au Pouvoir des personnes bienveillantes. On m'a formellement promis la remise des droits de douane.

Le 31 décembre est là, et la livraison des havre-sacs ne se fait pas.

Et la retenue ?

Il n'est pas plus question de retenue que de la première babouche de Mahomet. Le bailleur de fonds admire et se tait.

Le 24 janvier, 8.000 havre-sacs arrivent enfin. Le bailleur de fonds se demande avec terreur si l'on ne se souviendra pas alors de la fameuse retenue.

Au ministère de la guerre on trouve que tout va pour le mieux.

La stupéfaction du bailleur de fonds va sans cesse grandissant.

Les havre-sacs sont entièrement livrés le 24 février, un mois après la guerre.

Voici le quart d'heure de Rabelais, se dit à part lui le toujours anxieux bailleur de fonds. Impossible d'échapper à la retenue ! Eh bien, non, le ministère de la guerre ne retient rien, ce qui s'appelle rien, au citoyen Vallobra.

Le bailleur de fonds se crut transporté dans le pays des fées.

Voici l'explication de ce mystère.

Lorsque, le 24 janvier, les premiers havre-sacs arrivèrent à Bordeaux, l'administrateur des douanes voulut faire payer les droits d'importation, qui étaient de 1 fr. 40 par havre-sac.

On se figure les transes du bailleur de fonds qui s'écria, la mort dans l'âme : C'était prévu ! Mais Vallobra, sans se départir de son calme ordinaire, rappela au financier les promesses que lui avaient faites les personnes bienveillantes qu'il avait au Pouvoir.

Cependant l'administrateur des douanes s'entêtait ; la Commission des finances déclarait, de son côté, que les droits d'importation devaient être payés en vertu d'un décret de 1807.

Tout semblait compromis, et le bailleur de fonds commençait à douter de l'omnipotence de son associé en voyant l'obstination de l'administrateur des douanes et du Conseil des finances. Hélas ! se disait-il, décidément les personnes influentes de Vallobra ont l'air de ne plus influer.

Mais voilà que le 28 janvier 1871 parut un décret de Gambetta qui mettait à néant la législation de 1807.

A la lecture de ce document, le bailleur de fonds respira de nouveau.

Le décret du dictateur ne fut pas du goût du Conseil des finances qui protesta très énergiquement dans sa séance du 1er février 1871.

Nouvelles transes du bailleur de fonds. Le brave homme se tranquillisait, néanmoins, en pensant que tout se bornerait à une protestation plus ou moins platonique, ce qui, au fond, ne pouvait mettre en péril les 112.000 fr. en litige.

Malheureusement l'administrateur des douanes

était quelque peu procureur. Il déclara donc, en familier qu'il était de Cujas et de Potier, qu'un décret de Gambetta n'avait pas plus que la loi d'effet rétroactif, et qu'un marché passé le 21 novembre 1870, sous l'empire du décret de 1807, ne pouvait bénéficier de la bienveillance du dictateur légiférant le 28 janvier 1871.

L'argument parut sans réplique au malheureux bailleur de fonds. Adieu les 112.000 francs !

Gambetta, qui avait pour Vallobra et son commanditaire des entrailles de père, intervint alors de sa personne, et adressa à l'administrateur des douanes le petit poulet que voici :

Bordeaux, 5 février 1871.

« Le ministre de la guerre fait connaître à M. le Directeur des douanes de Bordeaux que les 100.000 havre-sacs à livrer par M. Vallobra sont destinés à la guerre et que leur admission doit avoir lieu en franchise.

« *Le ministre de l'intérieur et de la guerre,*
« L. GAMBETTA. »

La douane se soumit.

On raconte que le bailleur de fonds, ne se possédant plus de joie, s'en allait embrassant toutes les personnes qu'il rencontrait dans la rue et parlant à qui voulait l'entendre des protecteurs influents de son ami Vallobra.

L'intervention personnelle de Gambetta fit bénéficier Vallobra et son bailleur de fonds : 1° des 112.000 fr. de droits d'entrée ; 2° de l'amende que Vallobra avait encourue. Total : environ 300.000 fr.

Voilà une illégalité qui a coûté cher aux contribuables.

Je n'ai pas besoin de dire que le décret de Gambetta

eut d'autres conséquences et entraîna d'autres pertes pour le Trésor. Ces pertes peuvent se chiffrer par millions, si l'on fait entrer en ligne de compte tout ce que l'on admit en franchise après le 28 janvier 1871.

Une question en finissant :

Le bailleur de fonds pourrait-il nous dire s'il y a eu des pots-de-vin et qui en a profité ?

XX

Où l'auteur démontre que Gambetta continue à se fourrer le doigt dans l'œil, au détriment des contribuables.

Les Anglais nous ont fourni des cartouches en grande quantité, pendant la guerre de 1870, cartouches de qualité douteuse et de prix variés.

Avant l'arrivée de M. Gambetta à Tours, la Commission d'armement, qui avait des pouvoirs très étendus, traitait le plus possible avec les fabricants et les négociants français. Le dictateur réduisit cette Commission à l'état de sinécure. Il se crut plus éclairé que les hommes qui en faisaient partie et les consulta le moins possible. Pour leur prouver d'ailleurs qu'il les tenait en médiocre estime, il se fit une obligation de ne suivre en rien leur manière de voir, et de même qu'ils avaient toujours manifesté leur préférence pour les fournisseurs français, de même lui, Gambetta, s'imposa comme règle de conduite de préférer toujours les fournisseurs étrangers.

Chacun entend le patriotisme à sa façon.

La Commission d'armement avait à Londres un délégué nommé Merton, homme actif, intelligent et honnête.

M. Merton avait exactement renseigné ses collègues sur le prix auquel on pourrait se procurer en Angleterre les cartouches chassepot, dans le cas où nos fabricants n'arriveraient pas à en fournir une quantité suffisante.

La maison Peter-Pritchard offrait les cartouches à 87 fr. 50 cent. le mille ; la maison Kinock en proposait un million à 93 fr. 75 cent., ou à 62 fr. 50 c. si on les prenait non chargées. La maison Goathupe avait abaissé le prix des cartouches non chargées à 43 fr. 75 c. le mille.

Ces prix étaient rémunérateurs pour les fabricants et acceptables pour l'acheteur.

Gambetta, qui a de l'œil, refusa de traiter avec ces maisons ; cependant il lui fallait des cartouches anglaises, il y tenait. Mais il paraît que ces cartouches auraient perdu de leur valeur s'il ne les avait pas reçues des mains d'un M. Chollet, qui s'intitulait : *Fournisseur général du ministère de la guerre.*

Le 12 novembre 1870, le susdit Chollet s'engageait, par traité, à livrer 5 millions de cartouches, à raison de 145 FRANCS LE MILLE. Dans le cas où les moyens de fabrication du *fournisseur général* permettraient à ce dernier de doubler, dans les délais prévus, le chiffre de la commande, le ministère de la guerre s'obligeait à en prendre livraison aux mêmes conditions.

Le délai, *le dernier délai prévu*, était le 16 mars 1871. Seulement, par suite d'une ERREUR DE CALCUL, le terme de rigueur se trouva reporté au 15 avril suivant. Heureuse distraction qui permit au fournisseur Chollet de vendre 10 millions de cartouches au lieu de 5 millions.

Le prix de 145 FRANCS le mille de cartouches parut insuffisant à M. Chollet, et Gambetta fut sans doute de son avis, car, le 19 novembre, l'Etat s'engageait à payer 2 nouveaux millions de cartouches, 152 FRANCS au lieu de 145.

Pendant que se négociait ce marché de dupe, la Commission d'armement faisait des efforts de génie pour en entraver la conclusion. Mais Gambetta ne voulut entendre à rien. Il était évidemment convaincu que toute cartouche qui ne passerait pas par les mains de Chollet serait de mauvaise qualité.

Ainsi donc, par le fait de Gambetta, le Trésor a payé 145 fr. et 152 fr. le mille, ce que l'on n'eût payé que 93 fr., avec un homme moins *intelligent* que lui.

Perte sèche : 58 francs par mille, sur un total de 10 millions de cartouches, et 65 fr. par mille sur les 2 millions qui faisaient l'objet du second traité.

Chollet n'était pas seulement le fournisseur de cartouches privilégié du citoyen Gambetta. Il avait encore sa confiance pour la fourniture des revolvers.

Le 20 novembre 1870, le ministre passait un traité avec lui pour la fourniture de 4.000 revolvers, système Colt, et de 1.000 revolvers Lefaucheux, au prix de 62 francs 50, en y comprenant les accessoires et 50 cartouches.

Or, savez-vous combien M. Merton, quelques jours après, payait à la maison Colt la même arme, avec les accessoires et les 50 cartouches ? — 47 francs 55 cent., c'est-à-dire 14 francs 95 cent. de moins que ne les payait Gambetta. Il est vrai que l'ami Chollet n'était pas l'heureux intermédiaire de cette dernière fourniture.

M. Gambetta avait payé les revolvers Lefaucheux 62 fr. 50 cent., ainsi que nous venons de le voir.

M. Merlon, un subordonné du citoyen Gambetta, en achetait 780, à raison de 36 fr. 05 cent., vers la même époque. En décembre 1870, il en achetait 1.000 autres, au prix de 29 fr. 27 cent., et le 5 janvier suivant, il concluait un nouveau marché pour 4.000, à 30 fr. l'un, livrables à Londres. Le paiement en était effectué en livres sterling et au cours du jour.

Au bas mot, Gambetta, le dictateur Gambetta, l'espérance de Joseph Prudhomme, cette personnification de la bourgeoisie doublée de voltairianisme, Gambetta, dis-je, a frustré le Trésor de 90 à 95 mille francs, du chef de cette fourniture.

Et voilà l'homme politique, voilà le patriote, voilà l'administrateur qu'acclament chaque jour les chauvins de l'épicerie, les calicots retirés du commerce, les importants de l'industrie qui se croient des hommes de haute intelligence, parce qu'ils ont ramassé de l'argent au contact de la mélasse, du coton ou de la poudrette.

En résumé, bonnes gens, je crois être dans le vrai en vous disant qu'au lieu de diriger la société vous l'égarez, qu'au lieu de protéger les intérêts du paysan et de l'ouvrier, vous êtes les bourreaux du travailleur, et que vous vous laissez sottement berner par les farceurs de la politique.

Continue donc, bourgeois candide, à crier *Vive la République !* et à manger, en médisant du clérical, tes rentes menacées. Tu t'imagines peut-être que, les jouisseurs qui nous gouvernent s'éternisant au pouvoir, rien ne viendra troubler le cours de ta digestion, ni t'obliger à t'occuper des souffrances du peuple, de ce peuple dont les sueurs ont largement contribué à l'enrichir. Erreur ! Les malheureux que les farceurs de la politique ont dupés et croient pouvoir duper encore, au moyen de périodes redondantes et dépourvues de bonne foi, comprendront enfin que l'égalité ne consiste pas à se faire éternellement casser le cou au profit de M. Prudhomme, de ce personnage que les plaisanteries d'Henri Monnier ont rendu tout à la fois fameux et ridicule, ou, si tu le préfères, ridicule et fameux, et d'autant plus fameux qu'il est plus ridicule.

.. Détrompe-toi, bonhomme. Je connais le peuple mieux que tu ne le connais. J'ai vécu dans ses rangs; j'ai partagé ses préventions ; je me suis nourri de ses illusions, alors que, jeune encore, je croyais à la sincérité des saltimbanques qui vivent aux dépens de la démocratie.

Je n'hésite donc pas à te prédire que tu expieras d'une façon cruelle ton philosophisme idiot. Les bourgeois et fils de bourgeois qui se sont hissés au pouvoir à force de mentir, ne tarderont pas à être balayés par la révolution.

Et alors disparaîtront, pour ne plus reparaître, ces Lucullus de mercerie, ces Caracalla auxquels un valet de ferme donna le jour, ces Vitellius qu'Asmodée engendra dans un bazar quelconque, et ces porcs engraissés des dîmes de Sion, comme disait autrefois ton fétiche Voltaire.

Et quand cette heure sonnera, le peuple, ce peuple que tu flattes et dont tu sais si bien utiliser les pénibles labeurs, le peuple revendiquera ses droits. Il les revendiquera sans pitié, et avec cette énergie que tu ne connais plus, parce que ta jeunesse s'est énervée dans un sensualisme égoïste, sot et brutal.

Et en présence de ces revendications, tu essaieras,

comme Bilboquet, de sauver la caisse, et, moins heureux que Bilboquet, tu ne la sauveras pas.

Je reviens à vous, citoyen Gambetta.

Vous êtes-vous obstiné, malgré les objurgations de la Commission d'armement et les renseignements fournis par M. Merlon, à conclure ces divers marchés, en vous servant de l'intermédiaire de M. Chollet? S'il en est ainsi, je vous laisse le soin de qualifier votre conduite.

Avez-vous compromis les intérêts du Trésor par ignorance, par distraction, par inexpérience des affaires? Mais alors de quel front briguez-vous le pouvoir, ce pouvoir que vous étiez incapable d'exercer en 1870?

XXI

Où l'auteur est obligé de renouer connaissance avec un des héros les plus intéressants de cette histoire.

Nous avons fait connaissance avec le marchand de charbon de terre William-Nicolas de Mattos, et suivi ses opérations commerciales avec le citoyen Gambetta Dubelœil. Je suis à me demander, chers lecteurs, si mon récit vous a édifiés. Quoi qu'il en soit d'une question que vous seuls pouvez trancher, je suis forcé de revenir à notre marchand de charbon, grâce au rôle qu'il a joué dans le drame sanglant de 1870. Cette fois, de Mattos est flanqué d'un acolyte nommé Greene, sur les antécédents duquel nous n'avons pas de renseignements précis.

De Mattos et Greene signèrent, le 21 décembre 1870, un traité avec le citoyen Gambetta, alors ministre de la guerre. Ce traité avait pour objet la fourniture de 600 jeux de harnais au prix de 550 francs l'un.

La fourniture complète devait être effectuée le 15 janvier 1871. Ce terme était de rigueur.

M. Merton, ayant eu vent de cette affaire et sachant ce qu'elle avait de profondément regrettable pour les intérêts du Trésor, tenta, mais inutilement, de la faire échouer.

Le 31 décembre, il concluait lui-même avec la maison Noake un marché de 600 jeux de harnais, à raison de 406 francs le jeu.

Quant au mode d'exécution, il y avait entre le marché Gambetta-Mattos-Greene et le marché Merton-Noake une différence que nous devons signaler.

M. Noake ne devait livrer que 50 jeux par semaine. Le dernier terme de rigueur était fixé au 15 mars. Gambetta, lui, imposait à de Mattos et Greene trois livraisons de 200 jeux, du 21 décembre 1870 au 15 janvier 1871.

Il objecta cette différence dans les délais de livraison pour repousser le marché Merton et maintenir le sien avec de Mattos et consorts. C'est ce qui résulte d'une lettre de M. Lecesne à M. Merton.

D'après cela, vous allez sans doute supposer que Gambetta tint *mordicus* à l'exécution de son traité.

Oh ! que nenni ! Il est bien trop bon enfant pour cela. Les harnais de Mattos et Greene ne furent livrés que le 15 mars, époque fixée comme date de rigueur dans le traité Merton-Noake.

Ici encore le Trésor, grâce toujours à l'inintelligence et à l'entêtement du citoyen Gambetta, faisait une perte sèche de 144 francs par jeu de harnais, ce qui, multiplié par 600, donne un chiffre rond de 86.400 francs.

Je ne parle pas des 11 jeux qui manquaient dans la fourniture de Mallos-Greene. Ces 11 jeux représentaient cependant une somme de 6.050 francs.

Quant à la qualité des harnais nous ne voulons pas l'apprécier nous-même. Bornons-nous à citer le procès-verbal de réception, un document officiel :

« Les ferrures sont en fonte, le cuir est trop sec : il présente de nombreux coups de couteau, les étriers sont de différents modèles ; les boucleteaux, toutes les courroies et les contre-sanglons sont trop étroits et trop faibles ; il manque diverses pièces ; le harnachement d'un modèle ancien ne peut servir que pour les voitures d'artillerie à deux roues, où le sous-verge est dans le brancard ; enfin la confection et les matières laissent à désirer sous tous les rapports. »

Le même procès-verbal constate, d'un autre côté, que les harnais provenant du marché Merton-Noake étaient irréprochables à tous les points de vue.

N'importe, Gambetta est un grand homme.

Pardon, citoyen, pourriez-vous me dire qui a bénéficié des 86.400 francs dont le Trésor a été lésé en cette affaire ?

Vrai, je serais heureux de le savoir.

Je me trompe peut-être, mais il me semble que vous refuserez de me renseigner. Après ça, il se peut que vous soyez dans l'impossibilité de le faire.

N'importe, citoyen, je consens à répéter que vous êtes un grand homme et un administrateur des plus avisés.

Permettez, néanmoins, que je porte à votre *débit* la modeste somme de 86.400 francs, provenant de votre marché avec les amis de Mallos et Greene.

XXII

Où l'on voit que, contraint d'en finir, l'auteur se borne à citer en passant les faits et gestes de plusieurs fournisseurs de la Défense nationale, sous la dictature de Gambetta.

Les fournisseurs attitrés du sire de Longjumeau forment une collection parfaitement réussie de tripoteurs émérites. Les honnêtes gens qui se fourvoyèrent alors dans cette forêt de Bondy ont dû regretter amèrement d'avoir marché côte à côte avec de semblables compagnons.

Le malheur en tout ceci, pour l'historien qui veut être véridique, c'est qu'il est parfois difficile, sinon impossible, de distinguer les fripons des honnêtes gens, tant a été minime le nombre de ces derniers. Si seulement je pouvais, armé de pincettes, cueillir proprement tous les farceurs auxquels Gambetta ne crut pas devoir refuser sa confiance, et les présenter au public avec tous les égards qui leur sont dus ! Mais non, cela est impossible. Mon cadre est trop restreint et leur nombre est trop grand. Foi d'écrivain, je le regrette.

Il faut donc que je me résigne à prendre par les oreilles ceux qui me tomberont sous la main, et à les montrer à Messieurs les contribuables, qui ne manqueront pas de leur dire, après les avoir regardés attentivement : « C'est bien, une autre fois nous vous reconnaîtrons. »

Parmi les aventuriers que protégea le gouvernement de la *Défense nationale*, représenté, à Tours et à Bordeaux, par l'Horatius Coclès du bazar génois de Cahors, figure avec distinction le sieur Barthélemy.

Ce personnage était inconnu avant la guerre, et, depuis la conclusion de la paix, les historiens ont absolument perdu sa trace. Qu'est-il devenu ? Nul ne le sait. Reparaîtra-t-il bientôt, ou persistera-t-il à vivre inconnu ? C'est ce que l'avenir nous apprendra. Quoi qu'il en soit, je cède la parole à la Cour des comptes qui, moins discrète que notre héros, a cru devoir transmettre à la postérité les vertus et les mésaventures du collaborateur ès fournitures du petit-fils de Gamberlé.

« La Commission des marchés, dit le rapporteur de la Cour, a dénoncé les manœuvres frauduleuses de cet agent infidèle qu'un jugement du tribunal correctionnel de la Seine, en date du 30 juin 1873, a condamné à trois ans de prison pour abus de confiance et escroquerie au préjudice de l'Etat.

« Par un premier arrêté du 28 juin 1873, le ministère de l'agriculture et du commerce avait mis à la charge du sieur Barthélemy, par mesure conservatoire et *à défaut de justification d'emploi, la somme intégrale des avances mises à sa disposition*.

« Un second arrêté, dont copie a été transmise à la Cour, a été pris à la date du 23 octobre 1873 et a statué dans les termes suivants :

« Attendu qu'il résulte du rapport de la Commission des marchés que le sieur Barthélemy *n'a pu produire de justification* pour une somme de 487.737 francs 95 cent.; attendu, en outre, que ledit sieur Barthélemy s'est rendu coupable de détournements au préjudice du Trésor pour une somme de 77.000 francs, ce qui le rend débiteur envers l'Etat de 564.737 francs 95 cent.; le ministre arrête :

« Le sieur Barthélemy est constitué en *débet* d'une somme de 564.737 francs 95 cent. »

Barthélemy a reçu, pour prix de ses fournitures, dont quelques-unes appartiennent au domaine de la légende, une somme totale de 4.550.000 francs, payée par le caissier-payeur central, et par les trésoriers-payeurs du Calvados, de la Corrèze, du Finistère, de la Loire-Inférieure, de la Manche et de la Mayenne.

Ici encore on voit que le citoyen Gambetta veillait d'un œil jaloux sur les intérêts du pays.

Croit-on sérieusement que si le dictateur et ses subordonnés avaient exigé des courtiers marrons qui traitaient avec eux les garanties de rigueur, les Barthélemy et autres Ferrand que les tribunaux ont condamnés comme escrocs auraient pu se livrer à leur coupable industrie ? Poser la question, c'est la résoudre.

« De ce côté, dirons-nous avec un courageux écrivain, il reste des comptes à régler. Les vrais coupables sont-ils prêts à les rendre ? En tout cas ne devrait-on pas les contraindre judiciairement à le faire ? »

***

Disons un mot de Paul Doury. Il mérite à tous égards qu'on s'occupe de lui. Qu'était-ce que Paul Doury ? On l'ignore. Que sait-on de ses antécédents ? Absolument rien.

Toujours est-il que Paul Doury se présentait à M. Gambetta, quelques jours après l'arrivée de ce dernier à Tours, comme le mandataire de la maison Whitworth, de Manchester, et sortait de cette entrevue emportant une commande de 30 batteries d'artillerie.

La délégation départementale de l'artillerie fut-elle consultée ? Nullement. Fut-elle seulement informée ?

En aucune façon. Les conditions souscrites au fondé de pouvoirs de la maison Whitworth furent-elles débattues entre les parties contractantes ? Il paraît que non, puisque le citoyen Gambetta accepta purement et simplement le prix fixé par le vendeur.

Les 30 batteries devaient être payées la modeste somme de 1.541.887 francs.

Dès que ce marché fut connu, l'infatigable M. Merton et M. Lecesne tentèrent l'impossible pour en atténuer les désastreuses conséquences.

Ils purent obtenir, après beaucoup d'efforts, une réduction de 158.004 francs. Le marché était encore onéreux, très onéreux même, nonobstant cette réduction, mais il n'offrait aucune irrégularité de forme.

Tout allait donc pour le mieux, lorsqu'un débat survint inopinément entre M. Joseph Whitworth et son mandataire, M. Paul Doury, relativement à la commission que réclamait ce dernier.

M. Whitworth en trouvait le chiffre trop élevé. M. Paul Doury prétendait qu'il était à peine suffisant et en donnait la preuve que voici :

« J'AI DU CONSENTIR PERSONNELLEMENT, écrivait-il, DES ENGAGEMENTS POUR ABOUTIR AU RÉSULTAT OBTENU. JE SUIS MIS EN DEMEURE AUJOURD'HUI DE LES REMPLIR.

« La commande de Gambetta, le discrédit qui frappe aujourd'hui les opérations de MM. Lecesne et Merton auprès de notre gouvernement et de la chambre des députés, qui m'interrogent à l'égard de ce que votre honorable compagnie a fait avec ces Messieurs, ne prouvent nullement que l'artillerie de votre système soit définitivement adoptée. Il y aura à lutter.

« J'ai l'espérance, AVEC L'AIDE DE PERSONNES INFLUENTES QUI SONT INTÉRESSÉES AU SUCCÈS DE VOTRE RÉUSSITE, d'arriver promptement à une solution satisfaisante. »

Cette lettre, on l'avouera, était quelque peu compromettante. Interrogé à diverses reprises sur la nature des engagements qu'il avait consentis, le délégué de la maison Whitworth a refusé de parler.

Enfin il a fini par répondre au président de la Commission des marchés :

« Si vous cherchez en moi un délateur, vous vous trompez. QUANT AUX LETTRES QUE J'AI ÉCRITES AU MINISTRE DE LA GUERRE, JE N'EN AI PAS COPIE, JE NE PUIS EN PRÉCISER NI LE NOMBRE NI LA DATE. »

Gambetta, qui en a l'original, ferait peut-être bien de les livrer au public.

XXIII

Où le lecteur fera connaissance avec un membre de la famille de Bilboquet.

Un certain Van den Brouck, dont la nationalité est toujours restée douteuse, joua un rôle aussi important que peu honorable sous la dictature du citoyen Gambetta.

On a prétendu que Van den Brouck avait été commis de banque et qu'il s'était compromis dans diverses faillites plus ou moins véreuses. Rien, sous ce rapport, ne saurait étonner, quand on connaît les faits et gestes les plus récents de ce singulier personnage.

En 1870, au moment où la guerre éclata entre la France et l'Allemagne, van den Brouck avait maille à partir avec des créanciers intolérants. Les agents de la Préfecture de police se mêlaient eux-mêmes de ses affaires d'une façon peu rassurante. Peut-être ces derniers avaient-ils raison de troubler la quiétude de Van den Brouck.

Van den Brouck avait un *alter ego,* un *socius* digne de lui; c'était le nommé Hoffmann, dont le nom révèle suffisamment l'origine germanique.

Van den Brouck et Hoffmann pouvaient être considérés alors comme les frères siamois de la filouterie.

En 1868 et 1869, les deux aimables associés fondèrent, comment dirai-je? une espèce d'agence philanthropico-commerciale ayant pour but d'offrir aux négociants honnêtes, mais gênés, un débouché pour leurs marchandises et l'ouverture de crédits plus ou moins illimités.

Hoffmann se décerna le titre de négociant; Van den Brouck celui d'intermédiaire.

L'intermédiaire Van den Brouck s'adressa tout d'abord à deux compatriotes de son associé, MM. Grünewald et Kohler, commissionnaires fort estimés et dignes à tous égards de la confiance de leurs clients. Il leur apprit qu'Hoffmann était un homme des plus habiles, qui avait à l'étranger de nombreuses relations commerciales. Il ajouta que, grâce à cette circonstance, M. Hoffmann pouvait se charger de faire l'exportation, et leur obtenir un crédit de plusieurs centaines de mille francs.

Grünewald et Kohler, croyant aux promesses de Van den Brouck, confièrent aux deux chevaliers d'industrie pour plusieurs centaines de mille francs de marchandises, et furent mis en faillite par le fait de leur confiance aveugle.

Voyant que cela réussissait à merveille, Van den Brouck voulut exploiter la maison Higson et West de

Manchester. Il parvint, grâce à l'habileté dont il fit preuve, à escroquer 25.000 francs à ces honnêtes insulaires.

Malheureusement pour lui, MM. Higson et West ne sont pas doués de beaucoup de patience. Ils traduisirent Van den Brouck en police correctionnelle, et le firent condamner, pour abus de confiance, à deux ans de prison, 100 francs d'amende, 20.000 francs de restitution, et 500 francs de dommages-intérêts. La contrainte par corps fut fixée à deux ans.

Van den Brouck interjeta appel; puis se pourvut en cassation. Hélas ! le jugement du tribunal correctionnel fut confirmé sur toute la ligne et devint définitif au moment de nos premiers désastres.

Tel est l'homme qui vint solliciter à Tours et obtint la confiance de Gambetta.

En octobre, il signait divers traités avec le dictateur, pour des fournitures de chemises, de souliers, de guêtres, de caleçons, de havre-sacs, de fourniments, de tentes-abris, de capuchons, etc. Enfin, il traitait avec divers préfets ou chefs de corps pour une somme de 670.000 francs.

Cette somme, jointe à celle qui se rapportait aux marchés conclus avec le dictateur, formait un total de 1.897.749 francs 50 centimes.

Pour tenir les engagements qu'il avait pris, Van den Brouck avait besoin que le hasard et la complaisance de Gambetta vinssent à son aide. Rien de tout cela ne lui fit défaut.

S'il trouvait à acheter dans les délais voulus, la livraison des fournitures avait lieu ; sinon il demandait une modification du traité ou abandonnait la fourniture.

Le sans-gêne était complet et la condescendance gouvernementale absolue.

Van den Brouck jouissait, paraît-il, d'un crédit fort grand auprès de Gambetta, puisqu'une foule de dépêches portant ces mots : DÉPÊCHE OFFICIELLE OU DE SERVICE étaient signées : VAN DEN BROUCK. Un manufacturier d'Armentières, M. Delattre-Damblain, a déclaré devant la Commission d'enquête qu'en traitant avec Van den Brouck, ses collègues et lui avaient la conviction de traiter avec un agent OFFICIEL DE L'ETAT. L'assiduité de ce dernier, continue le témoin, à l'hôtel du ministre de l'intérieur, l'intimité de ses relations avec le cabinet du ministre justifiaient ces apparences.

La preuve, d'ailleurs, que ces négociants étaient à peu près dans le vrai, c'est que de Tours on télégraphiait ce qui suit :

« *Tours, préfet à préfet Marseille.*

« Van den Brouck accrédité auprès du ministre de la guerre pour fournitures militaires. CONNU AU MINISTERE. »

Ce dernier membre de phrase est par trop compromettant. L'orsqu'on a la chance ou la malechance de connaître un fripon de la force de Van den Brouck, on évite avec soin de lui accorder une confiance qu'il ne mérite pas.

Pour ne pas avoir suivi cette règle de conduite, le citoyen Gambetta a donné à Van den Brouck le moyen d'escroquer à l'intendance de Tours une somme de 99.072 francs. Inutile de dire qu'après ce dernier exploit, Van den Brouck a pris le large et n'a plus reparu.

Il faut avouer qu'ici encore Gambetta a manqué une belle occasion de faire preuve d'intelligence.

XXIV

Où l'auteur, désireux d'en finir, bien que la matière ne soit pas épuisée, passe à l'ami Ferrand et présente à ses lecteurs ce personnage célèbre.

Si j'avais l'honneur d'être poète, je publierais en vers alexandrins les hauts faits du célèbre Ferrand, le ravitailleur privilégié du sire de Longjumeau.

Malheureusement je ne me suis pas désaltéré aux sources de l'Hélicon, et les neuf sœurs ne m'ont jamais souri.

Alors donc je parlerai en prose.

A son arrivée dans le monde, le jeune Ferrand reçut le nom d'Emile, un nom harmonieux, dont la musique enchanteresse a contribué peut-être à séduire Gambetta.

Quelle fut la jeunesse de cet enfant prédestiné? Je l'ignore. Ce que je sais, c'est qu'en 1865 notre héros habitait l'Algérie, et que, de plus, il attirait sur lui l'attention publique en général et celle de ses créanciers en particulier, par une faillite où ces derniers reçurent 1 pour 100 de leurs créances.

Comprenant que cet acte de probité douteuse l'exposerait à des manifestations gênantes pour sa modestie, Emile dit adieu aux pittoresques minarets de la ville d'Alger et cingla vers la France.

S'étant fixé à Paris, il s'associa à un nommé Ducasse pour le courtage des sucres. La douce compagne du failli devint commanditaire de la nouvelle société pour une somme de 20.000 francs. Hélas! les affaires de Ducasse et de Ferrand ne furent pas brillantes, si bien qu'en 1870 la commandite avait fondu, comme l'eût fait le sucre des sociétaires sous l'action d'une ondée d'eau bouillante.

Que faire en présence de ce nouveau malheur? Comment triompher de la fortune adverse?

Il y avait alors un négociant anglais nommé Wilson, que Ferrand connaissait.

Wilson, se dit Emile, sera peut-être ma providence. Il a besoin d'un Français qui lui serve d'entremetteur et facilite ses relations avec mes compatriotes, soit à Paris, soit en province. Eh bien, je serai ce Français, dont la collaboration lui est indispensable.

Au Quatre-Septembre, Ferrand parla sur tous les tons et à tout propos de ses bonnes relations avec le gouvernement, et proposa à M. Wilson de lui servir d'intermédiaire auprès de M. Magnin, ministre du commerce.

M. Wilson offrait de ravitailler Paris et la France. Mais il fallait à l'Anglais deux choses indispensables pour mener à bonne fin le plan qu'il avait conçu : 1° la permission de sortir de Paris ; 2° une certaine quantité de millions, qu'il lui serait facile de trouver, s'il arrivait à se faire charger d'une mission officielle.

Ferrand, après quelques démarches, déclara qu'il ne pouvait pas obtenir du gouvernement l'ordre de sortie que sollicitait Wilson, parce que ledit Wilson n'était pas Français. A partir de ce jour, Ferrand sembla renoncer à son projet pour s'occuper d'autre chose.

C'était, de la part de l'ancien failli d'Alger, une feinte des plus adroites. Il voulait seulement amener Wilson à laisser de côté toute idée de ravitaillement, afin de s'en emparer lui-même, en mettant à profit les renseignements que lui avait donnés l'insulaire.

Ayant reçu, grâce à l'intervention de Gambetta, l'autorisation de quitter Paris en ballon, il se rendit auprès d'un nommé Langlais, qui était agent d'une maison de commission de Londres, et se fit remettre pour MM. Coulon-Berthaud et Cie une lettre de recommandation où on lit ce qui suit :

« Paris, 7 octobre 1870.

« Un de mes bons amis, M. Emile Ferrand, est délégué près le gouvernement, à Tours, par le ministre de l'intérieur, M. Gambetta, pour pourvoir à l'approvisionnement de l'armée et de la France. Il va donc avoir à passer au dehors des ordres considérables pour achats de blé, farines, viande salée, fers, fonte, armes, etc. Sur une recommandation toute spéciale, M. Emile Ferrand m'a promis qu'il vous donnerait toute préférence pour ses affaires. »

D'après cela on peut affirmer :

1° Que le 7 octobre, jour où Gambetta quittait Paris, Ferrand était assuré d'une mission ayant pour but l'alimentation de l'armée et de la France;

2° Qu'il était muni d'une autorisation de quitter Paris en ballon.

Quelques jours après, c'est-à-dire le 14 octobre, Ferrand partait avec M. Ranc, l'ami personnel de Gambetta, et arrivait à Tours.

Le 3 novembre, il se trouvait à Nantes, où il recevait la dépêche qu'on va lire :

« *Intérieur à Emile Ferrand, 2, place Lafayette, Nantes.*

« Formulez en termes précis votre proposition, comme s'il n'y avait plus qu'à apposer la signature du ministre. »

Il y avait donc eu des pourparlers entre Ferrand et

M. Gambetta et un accord en était résulté. Cette dépêche en est la preuve évidente.

Ferrand se hâta de revenir à Tours. Là le dictateur lui remit une lettre pour M. de Frédilly, délégué du ministre du commerce et de l'agriculture.

Voici ce document :

« Tours, le 4 novembre 1870.

« Mon cher Monsieur de Frédilly,

« Je vous recommande M. Ferrand, qui est tout à fait compétent en matière de ravitaillement.

« C'est un homme *absolument sûr et qui est très désintéressé.*

« Je vous prie de l'écouter avec soin. Nous aurons à la suite un entretien ensemble.

« Agréez mes sentiments affectueux.

« LÉON GAMBETTA. »

Après les affirmations contenues dans cette lettre, M. de Frédilly n'avait pas à se renseigner sur l'*honorabilité*, la compétence et le *désintéressement* de l'ancien failli.

L'entretien sollicité en faveur de Ferrand eut lieu, et le 8 novembre ce dernier signait avec Gambetta le traité préparé d'avance.

Ainsi donc Emile Ferrand avait pour mission de ravitailler Paris et la Province.

« Une décision du 8 novembre 1870, dit le rapport de la Cour des comptes, confia au sieur Ferrand, pour le ravitaillement de Paris, une mission dont l'étendue ressort du chiffre des paiements qui en sont résultés et DONT LE TOTAL S'EST ÉLEVÉ A PLUS DE 31 MILLIONS. Tantôt les ordonnances ont été délivrées au nom de Ferrand, tantôt au nom des agents qui lui étaient associés ; des sommes importantes ont été en outre directement versées à des fournisseurs qui avaient traité avec lui. »

Ici faisons une observation qui aidera le lecteur à saisir le sens exact de la dernière phrase qu'on vient de lire.

Ferrand faisait figurer, dans ses livres et dans les comptes remis à l'Etat, quelques-uns de ses employés comme vendeurs fermes, afin de toucher d'avance l'argent du Trésor, et aussi pour établir plus facilement des prix fictifs. Les détournements opérés au moyen de ce procédé ont été de 25.133 francs 16 centimes.

Tel était l'homme ABSOLUMENT SUR ET TRÈS DÉSINTÉRESSÉ de Gambetta.

« Le sieur Ferrand, continue le rapport de la Cour, a touché, en un seul paiement, à la date du 19 décembre 1870, une avance de 15 millions, dont il a reçu le montant en bons du Trésor à trois mois avec intérêts; cette avance a été comprise aux comptes du trésorier-payeur général d'Indre-et-Loire pour l'exercice 1870; il a été payé de plus à Ferrand, par le même comptable, au titre de l'exercice 1870, et en divers mandats ou ordonnances, 1.906.059 francs 51 centimes par le trésorier-payeur général d'Ille-et-Vilaine, sur procuration 96.897 francs, et par le trésorier-payeur général de Maine-et-Loire 400.000 francs. »

L'auteur du rapport ajoute :

« AUCUNE JUSTIFICATION D'EMPLOI N'A ÉTÉ PRODUITE DANS LES COMPTES POUR CES DIFFÉRENTES SOMMES.

« IL EN EST DE MÊME POUR LES AVANCES CI-APRÈS DÉLIVRÉES A DES AGENTS DE LA MISSION FERRAND. »

Les avances dont parle ici le rapport se sont élevées à 2 millions 123.400 francs.

Empruntons encore quelques citations au même document. Celle qu'on va lire est tout aussi édifiante que celles qui précèdent :

« Des mémoires, un certain nombre de marchés, ont été joints à l'appui des dépenses payées directement à des fournisseurs ou traitants... Mais si ces justifications, certifiées par le sieur Ferrand, établissent que les fournitures lui avaient été livrées, *elles ne pouvaient à aucun degré donner la preuve que l'Etat, qui avait supporté la dépense, avait été mis en possession régulière des approvisionnements acquis en son nom; elles soulevaient d'autres objections encore.* »

La Cour s'est demandé avec raison comment il se faisait que les comptables eussent donné délivrance de sommes aussi considérables, sans être couverts par les pièces régulières qui *partout faisaient absolument défaut.*

Après un examen attentif de la question, la Cour a constaté que la plupart de ces sommes furent payées sur réquisitions.

Et sur quoi se fondait le pouvoir en procédant ainsi?

Sur des circulaires ministérielles, qui ressemblaient toutes plus ou moins à celle que le délégué du ministre de l'agriculture signait le 30 novembre 1870, et où nous lisons ce qui suit:

« La commission confiée à M. Ferrand étant confidentielle, il n'y aura pas à fournir copie de la décision ministérielle qui l'autorise à faire des achats et à contracter des marchés. Si M. le Trésorier-Payeur réclamait cette décision, vous voudrez bien lui donner copie de la présente lettre pour en tenir lieu. »

Le même délégué ordonnait, dans cette circulaire, de mandater *sans aucun retard* les sommes pour lesquelles M. Ferrand adressait des mémoires accompagnés de marchés, « *dans les circonstances où il aura été possible d'accomplir cette formalité.* »

Il paraît qu'il ne fut pas souvent possible d'accompagner de marchés les *mémoires* de Ferrand, et lorsque le fournisseur privilégié put remplir cette formalité, quelque peu nécessaire, autre chose fit défaut ; car on se demanda vainement si les marchandises achetées avaient été livrées à l'Etat. Il est vrai que Ferrand *étant un homme absolument sûr et très désintéressé*, il devenait inutile d'exiger de lui de semblables formalités.

D'après le traité conclu entre Ferrand et Gambetta, le compte des frais généraux, dont la charge incombait au Trésor atteignit le chiffre de 56.471 francs 72 centimes.

On trouvait cette somme bien modeste, et l'on s'en étonnait, quand l'expert choisi par le tribunal, pour étudier les livres et les notes de Ferrand, découvrit qu'aux frais généraux dont je viens de parler s'ajoutait une foule d'autres dépenses inscrites sous des titres différents dans la comptabilité du fournisseur *privilégié*. — Parmi les frais que Ferrand mettait au compte du Trésor figure un stock considérable de fine champagne à 10 fr. la bouteille, d'huîtres, de sauterne, de madère, de cartons de mouchoirs, de boîtes à savons, de brosses à dents, etc.

Comme on le voit, Paris n'avait pas à se plaindre du ravitaillement que lui préparaient Ferrand et Gambetta. En ajoutant aux divers produits que nous venons d'énumérer les cigares exquis de l'outrancier, on reconnaîtra que le dictateur et le ravitailleur vivaient de façon à faire saliver Lucullus, pendant que les Parisiens se brossaient le ventre, et que nos soldats mouraient de faim et de froid en France et en Allemagne.

Etonnez-vous, après cela, que Gambetta soit populaire !

N'est-ce pas lui qui a découvert le secret d'abreuver la France par procuration, en faisant boire à son ami Ferrand du sauterne et du madère à tire-larigot, le tout accompagné de cigares exquis, et aux frais des contribuables ?

Vrai Dieu ! quel charmant homme, et quel homme ingénieux !

Voici le texte d'une note saisie chez l'ami Ferrand :

« Tu diras à Poitou que ses comptes sont établis d'après ce que je me rappelle.

« *Tant qu'aux* 500 francs que Ferrand m'a remis à Paris, il m'est impossible d'en rendre compte. »

Le fournisseur, trouvant une seconde note par trop fantaisiste, avait écrit en marge au crayon :

« TACHEZ-DONC D'INVENTER DES DATES SÉRIEUSES. »

Ferrand, dans ses diverses opérations, a varié les fraudes. Quelquefois, il opérait une retenue sur le vendeur ; souvent, il se faisait consentir une commission, en exigeant de ceux avec qui il avait traité une majoration des prix portés aux marchés et aux factures.

Exemple : je vous achète divers produits, pour le compte de l'Etat, jusqu'à concurrence de 200.000 fr. Le marché conclu, je vous dis : « Mon cher Monsieur, je vous ai fait faire un excellent marché. Il est donc tout naturel que j'en profite un peu. Sur les 200.000 fr. que le Trésor vous doit et que je vais vous payer en vertu de la mission confidentielle que j'ai reçue, je vous retiens 20.000 fr. »

Voilà ce qu'on appelle la retenue.

Le lendemain, je m'abouche de nouveau avec vous et je vous dis : « J'ai une deuxième affaire à vous proposer. Je vais vous acheter pour 150.000 francs de légumes destinés au ravitaillement de Carpentras ou d'ailleurs. Toutefois, il est convenu entre nous que, au lieu de 150.000 francs, le marché portera le chiffre de 160.000. » Bénéfice net pour le ravitailleur : 10.000 francs, plus la commission qui lui est allouée.

C'est ce que l'on entend par majoration.

Telles étaient, le plus souvent, les opérations auxquelles se livrait le fournisseur privilégié.

La maison Le Barazet, de Bordeaux, a vendu du beurre, des œufs, des pâtes alimentaires, etc., à l'ami Ferrand. Sait-on de quelle somme ont été grossis ou majorés les prix portés à la charge de l'Etat ? DE 35.071 FRANCS 52 CENTIMES.

Baligaud et Lemoine, du Mans, ont fourni des denrées pour 2.689.000 francs. Sur cet ensemble d'opérations, les détournements constatés au préjudice du Trésor par le fournisseur *absolument sûr* ont été évalués à 689.432 francs 33 centimes.

Parmi les marchés conclus avec MM. Baligaud et Lemoine par l'ami *très désintéressé* de Gambetta figure celui du 4 février 1871. A cette époque la guerre était finie. Les deux négociants devaient livrer à l'Etat 4.911 hectolitres de pommes de terre.

Ces pommes de terre étaient facturées au gouvernement 17 francs 23 centimes les 100 kilogr., et coûtaient à Baligaud et Lemoine 9 francs 50 centimes. *Bénéfice :* 376.000 fr.

531.000 kilogr. de ces pommes de terre furent envoyés dans les magasins généraux du Mans et y restèrent jusqu'en avril 1871. A cette époque, Ferrand chargea Baligaud et Lemoine d'en opérer la vente. Ils le firent, en les cédant à raison de 4 fr. 75 le quintal. Elles furent ensuite transportées à leur usine de la Suze, près du Mans.

Quelquefois, pour s'épargner l'ennui de combinaisons qui exigeaient certains calculs, le fournisseur *absolument sûr et très désintéressé* se bornait à ne pas porter en recettes, au profit de l'Etat, le produit des ventes qu'il faisait, ou à garder l'escompte qu'il obtenait sur les paiements effectués avec l'argent du Trésor.

Les détournements constatés se sont élevés au chiffre de 900.086 francs 37 centimes.

Je dis *constatés*, parce que dans la plupart des cas le tribunal a été arrêté par une absence absolue de documents et par de fréquentes lacérations des livres.

Les achats faits en Angleterre sont encore plus suspects que ceux dont nous venons de parler. La dépense totale de l'*ami* Ferrand, de l'autre côté de la Manche, dépasse 20 millions.

Les prix ne sont justifiés que par les factures des négociants avec lesquels traitait le fournisseur *désintéressé* de Gambetta. Ces factures, visées par le sieur Vincent, qui était chargé de représenter le *ravitailleur* au delà de la Manche, sont un chef-d'œuvre dans l'espèce. Tout y est confondu à dessein, le prix d'achat avec le prix du fret et le prix d'assurance, de telle sorte qu'il y a impossibilité de s'y reconnaître.

Il a été constaté seulement que MM. Coulon-Berthaud et Cie n'étaient pas des vendeurs à compte ferme, mais seulement de simples commissionnaires. Leurs factures masquent des majorations de prix plus ou moins importantes.

Bien d'autres fraudes ont été commises par le *ravitailleur* Ferrand. La preuve en est que, pour rentrer en possession de pièces compromettantes, il a dû verser 77.000 francs à la succession Langlais, et 450.000 francs aux mains de M. Wilson, qui menaçait ledit Ferrand des tribunaux.

Appelé comme témoin devant le tribunal qui a condamné Ferrand à *trois ans de prison et à des restitutions importantes,* Gambetta a déclaré sous la foi du serment :

1° Qu'avant de quitter Paris, il n'avait donné aucune mission à Ferrand ; qu'il s'était borné à le faire adresser au directeur des postes, avec prière d'assurer son départ ;

2° Qu'il ne connaissait pas Ferrand avant le siège de Paris ;

3° Qu'il n'avait plus vu Ferrand depuis l'époque de sa mission de ravitaillement ; qu'il n'avait même plus entendu parler de lui.

A ces affirmations catégoriques de Gambetta je ferai une réponse aussi péremptoire que possible.

1° M. Gambetta prétend n'avoir donné aucune mission à Ferrand pendant qu'il était encore à Paris. Comment expliquer alors la lettre de M. Langlais à la maison Coulon-Berthaud et Cie, lettre dans laquelle on lit ce qui suit :

« Un de mes bons amis, M. Emile Ferrand, est délégué près le gouvernement, à Tours, par le MINISTRE DE L'INTÉRIEUR, M. GAMBETTA, pour pourvoir à l'approvisionnement de l'armée et de la France ? »

Cette lettre portait la date du 7 octobre, jour où le dictateur quitta Paris.

Comment encore expliquer le récit de M. Gaston Tissandier l'aéronaute, celui-là même qui dirigeait le ballon monté par Ranc, l'ami personnel de Gambetta, et par M. Ferrand :

« Le 14 octobre, à une heure un quart, le ballon *Jean-Bart* s'élevait de Paris : j'avais l'honneur de conduire dans les airs MM. Ranc, maire du neuvième arrondissement, et Ferrand, CHARGÉ D'UNE MISSION SPÉCIALE DU GOUVERNEMENT ? »

Si M. Gaston Tissandier a dit que Ferrand était chargé d'une mission spéciale du gouvernement, c'est qu'il l'avait appris de MM. Ranc et Ferrand. Peut-on supposer, si le fait n'avait pas été exact, que ce dernier l'eût affirmé devant son compagnon de voyage, qu'il savait être l'*alter ego* de Gambetta, auprès duquel ils se rendaient l'un et l'autre ?

Mes lecteurs apprécieront.

2° Gambetta ne connaissait pas Ferrand avant le siège de Paris.

Mais alors comment pouvait-il écrire à M. de Frédilly que ce même Ferrand « *était un homme absolu-« ment sûr, très désintéressé et très compétent en ma-« tière de ravitaillement ?* »

Comment expliquer son empressement à donner sur un homme qui lui était inconnu des renseignements aussi précis ? Mais si Ferrand vous était inconnu, vous commettiez un crime de lèse-nation en lui accordant la confiance illimitée dont il a été investi pendant tout le temps qu'a duré la guerre ; en lui permettant de puiser à pleines mains dans les caisses de l'Etat, sans qu'il eût à présenter aucune des justifications exigées en pareille circonstance.

3° Gambetta affirme sous la foi du serment qu'il n'a plus entendu parler de Ferrand depuis l'époque de sa mission ; affirmation imprudente que les faits sont venus démentir.

En 1872, M. Gambetta fonde un journal, la RÉPUBLIQUE FRANÇAISE. Or savez-vous quel est l'homme dont le nom figure un des premiers sur la liste des *actionnaires-fondateurs?* — EMILE FERRAND.

Il y a mieux encore, si c'est possible. Deux jours avant l'arrestation de Ferrand (18 août 1872), le procureur de la République de Quimper écrivait ce qui suit au juge d'instruction :

« J'ai l'honneur de vous faire connaître que M. Ferrand est à son château de Lesnevar et ne paraît pas soupçonner les mesures prises contre lui.

« *M. Gambetta est arrivé hier à Quimper*, SE RENDANT A LESNEVAR. Cette coïncidence peut sembler extraordinaire, et la première pensée qu'elle fait naître est que *M. Gambetta vient donner* l'éveil à SON AMI.

« Toutefois, il ne faut pas oublier que M. Gambetta *est déjà venu l'été dernier* rendre visite à M. Ferrand. »

N'importe, M. Gambetta affirma devant le tribunal qu'il n'avait plus revu Ferrand depuis l'époque de sa mission.

***

Le château de Lesnevar est une propriété située dans l'arrondissement de Quimper. Ferrand l'acheta au nom de sa femme, en 1871, au prix de 240.000 francs. Les frais de construction et d'embellissement qu'il y fit s'élevèrent à près de 200.000 francs.

Au mois de décembre de la même année, il commandita un courtier en sucre, nommé Blaise, pour 100.000 francs. De plus il racheta les créances de sa faillite en Algérie pour une somme considérable, puisque les honoraires de l'officier ministériel chargé de négocier l'affaire se sont élevés à 20.000 francs.

On sait, en outre, qu'il paya à M. Wilson 450.000 fr., et 77.000 francs à la succession Langlais.

Voilà quel fut l'homme de confiance de Gambetta, *l'homme absolument sûr et très désintéressé* qu'il chargea de ravitailler Paris et qui vola audacieusement les deniers de la France.

TROISIÈME PARTIE

I

Où l'auteur démontre que Gambetta, après avoir lâché la Commune, trouva moyen d'échapper aux poursuites que l'Assemblée nationale et le gouvernement de M. Thiers auraient dû diriger contre lui.

La division de la Franc-Maçonnerie en deux fractions irréconciliables ne date pas de l'amnistie, comme on semble le croire. Dès 1871, on a pu constater que les Loges bourgeoises n'inspiraient aux partis avancés qu'une confiance relative. S'il en avait été autrement, l'insurrection communaliste n'aurait pas eu lieu.

La majorité de la Chambre était monarchiste, il est vrai. Mais les chefs du Pouvoir exécutif appartenaient presque tous au monde maçonnique. M. Thiers était maçon et carbonaro ; Jules Simon figurait parmi les membres les plus influents de nos Loges ; il avait, de plus, concouru à la fondation de l'Internationale. Jules Favre et Ernest Picard appartenaient également à la Maçonnerie.

La secte n'avait donc rien à craindre.

Elle savait que l'Assemblée nationale, composée de

légitimistes inexpérimentés, d'orléanistes ambitieux et sans principes arrêtés, de bonapartistes honteux dont quelques-uns étaient maçons, de républicains rose tendre appartenant aux Loges de province et radicaux plus ou moins ardents, n'arriverait pas, en supposant qu'elle l'essayât, à secouer le joug qu'elle s'était naïvement imposé.

Mais alors, comment expliquer les horreurs de la Commune ?

Rien de plus facile. La Maçonnerie sceptique et conservatrice tout à la fois dont MM. Thiers, Jules Simon, Jules Favre, Jules Grévy, Ernest Picard, etc., étaient les représentants autorisés ne répondait pas aux *desiderata* du Socialisme collectiviste et internationaliste.

De leur côté, les hommes du pouvoir étaient fixés d'avance sur le sort qui les attendait, si les insurgés avaient le dessus.

De là cette violence dans la répression qui a fait oublier le coup d'Etat de 1852.

Un fait à noter : M. Thiers et les ministres affiliés donnèrent secrètement à bon nombre de maçons gravement compromis le moyen de passer à l'étranger et de se mettre ainsi à l'abri des conseils de guerre.

Déterminés à sévir sans pitié contre les *enfants perdus* de la secte, ils tenaient à faire acte de bienveillance envers les *frères égarés* de la Maçonnerie extérieure.

Effrayé tout d'abord du caractère antirépublicain des élections, Gambetta jugea prudent de se réfugier à Saint-Sébastien, car il ne se faisait aucune illusion sur les responsabilités de tout genre qu'il avait encourues pendant les quelques mois de sa dictature.

Il était d'ailleurs au courant de ce que tramaient à

Paris les hommes de la Commune. Il n'ignorait pas que, dès l'ouverture des hostilités, il serait mis en demeure d'opter entre le gouvernement de l'Hôtel de ville et celui de Versailles. Or il voulait à tout prix éviter de se prononcer, ignorant de quel côté pencherait la victoire.

Les chefs de la Commune ne surent pas mauvais gré à Gambetta de s'être ainsi dérobé à ses *devoirs civiques*. Du reste, la plupart de ses amis figuraient parmi les membres du Comité central.

La Commune vaincue, il resta dans sa retraite, attendant que des circonstances favorables lui permissent de rentrer en scène.

Il s'aperçut bientôt que l'Assemblée nationale, sous l'empire de préoccupations aussi inexplicables que soigneusement entretenues, ne reportait ses regards vers le passé que pour maudire la Commune et récriminer contre l'Empire.

Le Pouvoir exécutif, dont les membres étaient la plupart compromis dans les affaires du Quatre-Septembre, ainsi que l'a constaté la Commission d'enquête, et qui savait pertinemment que les tripoteurs officiels et autres, dont j'ai raconté les hauts faits, appartenaient aux Loges, ne cessait de rappeler aux naïfs de la majorité les fautes de l'Empire et les crimes de la Commune.

La manœuvre était grossière, et pourtant elle a réussi. Peut-être même n'a-t-elle réussi que parce qu'elle manquait d'habileté.

Pleinement rassuré par le chauvinisme enfantin des orateurs du centre droit, Gambetta n'hésita pas à accepter la candidature qui lui fut offerte. Il ne craignait plus qu'on vînt le troubler dans la paisible possession de ses économies. Les ducs — M. d'Audiffret-

Pasquier en tête — trouvaient suffisant, pour leur patriotisme, de fouetter les chats de l'Empire. Cette besogne leur procurait la satisfaction de recueillir les bravos de la Gauche, les bonnes grâces du Pouvoir et les applaudissements de l'Extrême Droite elle-même.

En agissant ainsi, ils avaient un objectif, le ministère, d'où l'on aurait exclu l'élément démocratique. Ce but une fois atteint, ils espéraient pouvoir ramener M. Thiers à ses premières amours et nous donner une nouvelle édition de l'escamotage de 1830. Cela leur paraissait d'autant plus facile qu'ils avaient sous la main deux princes d'Orléans.

Mes lecteurs se souviennent que l'on essaya en vain, à cette époque, d'opérer un rapprochement sérieux entre la branche aînée et la branche cadette de la maison de Bourbon. Toutes les tentatives échouèrent par le fait du duc d'Aumale et de ses partisans. J'ajoute que les ambitieux du Centre Droit n'ouvrirent les hostilités contre M. Thiers, que lorsqu'ils virent que tout espoir d'en faire leur complice était perdu. Le rusé compère ne voulait pas se dépouiller du Pouvoir au profit de ses anciens maîtres.

Gambetta sut tirer parti de ces compétitions pour faire oublier, en partie du moins, ses avatars de Tours et de Bordeaux. On se rappelle qu'à cette époque il dissimulait soigneusement l'état de sa fortune, afin de ne pas éveiller les soupçons de la presse.

Cependant la Commission des marchés, la Commission d'enquête et la Cour des comptes avaient dû s'occuper de la Défense nationale et de ceux qui en avaient été les héros.

Le moment pouvait devenir critique.

Ce fut alors que Clément Laurier, l'ami de Gambetta, se sépara sans bruit de la Gauche républicaine et se fit inscrire au Centre Droit.

Jamais conversion ne fut plus opportune.

On répandait en même temps le bruit, dans les journaux de toute nuance, que Gambetta avait eu des relations avec la famille d'Orléans. Les princes, disait-on, l'avaient reçu en Angleterre pendant les dernières années de l'Empire, et c'était Clément Laurier qui s'était fait son introducteur. L'ex-outrancier se souvenait de la bienveillance des princes. Le cas échéant, il suivrait l'exemple de son ancien protecteur, il n'hésiterait pas à changer de cocarde.

Cela étant, les ducs avaient tout intérêt à fermer les yeux sur le passé du futur néophyte.

Gambetta, de son côté, continuait à afficher dans ses discours des idées nettement républicaines, sans protester pour cela contre les racontars de la presse orléaniste.

Aux élections de 1876, les conservateurs ayant été battus, l'ancien dictateur sortit de sa réserve. Que craignait-il? N'était-il pas soutenu par une majorité compacte?

Au 16 mai 1877, son audace s'accrut encore, et lorsque, à la chute du Maréchal, il devint président de la Chambre, on le vit étaler, avec un sans-gêne qu'il serait difficile de qualifier, et sa mauvaise éducation et son amour de l'absolutisme.

Une assemblée qui n'aurait pas été l'incarnation de l'aplatissement eût chassé du fauteuil présidentiel, au bout de vingt-quatre heures, le malotru qui dirigeait ses délibérations à la façon d'un garde-chiourme.

Pendant ce temps-là, plusieurs journaux, la *Comédie politique* de Lyon entre autres, l'accusaient ouvertement de vol, sans qu'il songeât à les faire poursuivre.

Et comme pour donner crédit à ces accusations, il affichait un luxe de satrape (1).

Il ne prenait plus la peine de dissimuler ses projets de dictature; il froissait les Intransigeants retour de Nouméa; imposait ses volontés à la Chambre, tantôt brutalement, tantôt en gavant et en truffant les députés; entreprenait des voyages en province pour y recueillir des ovations; négociait secrètement avec l'étranger, par l'intermédiaire d'un *Coquinos* quelconque, les affaires les plus graves, et faisait manœuvrer les ministres au gré de ses caprices.

Gambetta, en dépit de ses échecs, continue à être l'instrument de cette Maçonnerie dont la majorité se compose de bourgeois voltairiens et rapaces. Doublés d'écus et pétris d'égoïsme, ces Prudhommes idiots et méchants sont avant tout les ennemis du pauvre et de l'ouvrier, auxquels ils font généreusement l'aumône de leurs mauvais conseils et de leurs phrases humanitaires, mais en ayant soin d'éviter leur contact.

C'est à la secte des repus et aux habiles de l'Orléanisme que l'Horatius Coclès de la Chaussée-d'Antin doit l'impunité de ses faits et gestes, de même qu'il leur devra le Pouvoir, si jamais il y arrive. Mais en l'élevant sur le pavois, les *bornés* qui font aujourd'hui l'ornement de nos Loges ne tarderont pas à s'apercevoir qu'il est parfois dangereux de courir après certaines solidarités par trop compromettantes. Le tablier dont ils se servent pour dissimuler leur embonpoint n'aura pas les propriétés d'une cotte de mailles et sera impuissant à les protéger contre les coups de l'Intransigeance.

(1) Je ne saurais trop recommander ce Journal, et la brochure que son directeur, M. Ponet, a publiée sous ce titre : *Les Bénéfices de la Maison Gambetta et Cie*. — Lyon, rue de la République, 30.

II

Où le lecteur trouvera l'explication d'une foule de choses qu'il ne comprenait pas ou comprenait fort mal.

La Maçonnerie se divise en plusieurs branches qui diffèrent entre elles sur une foule de points.

Le seul lien qui les rattache vraiment les unes aux autres, Gambetta l'a indiqué à la tribune du Corps législatif et dans son discours de Romans, lorsqu'il s'est écrié : LE CLÉRICALISME, VOILA L'ENNEMI.

Les simples d'esprit ont prétendu que cette parole n'avait pas l'importance qu'on lui attribuait, l'orateur allant d'ordinaire au delà de sa pensée dans la chaleur de l'improvisation. D'autres, peu au courant des choses de la politique et des mobiles cachés qui font agir les hommes, l'ont attribuée à la haine de Gambetta pour le Catholicisme.

Ces deux hypothèses sont aussi erronées l'une que l'autre.

L'ex-outrancier et ses amis s'apercevaient depuis quelque temps que les frères exploiteurs de la Maçonnerie bourgeoise devenaient suspects à la fraction avancée des Loges. L'Internationale montrait les dents, le Fénianisme, le Solidarisme, le Nihilisme, le Collectivisme, etc., laissaient percer leur mauvaise humeur. Encore six mois ou un an et c'en était fait de l'Opportunisme.

On réclamait l'amnistie avec aigreur ; on déclamait contre les empiètements imaginaires du clergé ; on demandait la séparation de l'Eglise et de l'Etat ; on exigeait la suppression de l'enseignement clérical ; on sollicitait des réformes économiques dans le sens des doctrines socialistes. Puis on ajoutait : La société moderne n'obtiendra aucune satisfaction d'un gouvernement qui subit le joug des moines et des curés.

Gambetta et ses conseillers comprirent qu'il fallait conjurer le péril, en appelant les sectaires à l'assaut de l'Eglise.

Le moyen réussit tout d'abord comme on l'avait prévu. Mais bientôt les clameurs des mécontents recommencèrent de plus belle.

Le gouvernement recourut alors à l'article 7. Ce dérivatif eut quelque succès, grâce aux polémiques ardentes de la presse. Toutefois, lors de son voyage dans le Midi, le ministre de l'instruction publique aurait pu s'apercevoir, avec un peu d'attention, que la fraction dirigeante des Loges s'abstenait de toute manifestation. Seuls les *busards* le félicitaient et l'acclamaient.

Le Sénat ayant repoussé l'article 7, le ministère eut recours aux décrets.

Chose étrange ! les Intransigeants, au lieu d'applaudir, protestèrent contre les actes de violence du Pouvoir. Ils déclarèrent nettement que l'expulsion des religieux était une violation flagrante de la liberté d'association. Et ils ajoutèrent que les Opportunistes, voulant éluder les réformes économiques depuis longtemps réclamées par les classes ouvrières et la presse démocratique, avaient eu recours à ce dérivatif.

Gambetta fut accusé de trahison. On lui rappela son programme de Belleville ; on le traita de parjure ; on attaqua violemment les origines de sa fortune.

Le président de la Chambre, d'ordinaire si emporté,

fit acte de sagesse, il garda de Conrart le silence prudent.

Les ambitieux, les maçons et les gobe-mouches de la majorité continuèrent à se grouper autour de lui. Ils croyaient sa puissance invulnérable.

Hélas! les élections ont prouvé à ces naïfs que Gambetta n'est plus l'homme des masses. Les Arrière-Loges ne l'ont point encore condamné à disparaître; mais je me trompe fort ou ses jours sont comptés.

Il sera premier ministre; il imposera sa volonté au Chef de l'Etat; les Chambres lui obéiront avec une docilité servile; et la France dira: Cet homme est tout-puissant.

Et en parlant ainsi la France se trompera, car il ne sera qu'un instrument dans les mains de ceux qui mènent aujourd'hui le monde.

Et pendant qu'il exercera une sorte de pouvoir absolu, les hommes qui continuent à le tenir debout mineront si bien le terrain sous ses pieds, que sa chûte et l'effondrement de son parti seront irrémédiables et causeront en Europe un étonnement profond.

III

Où l'auteur démontre qu'au point de vue politique et financier nous sommes tombés de fièvre-quarte ou chaud-mal.

On a dit et répété qu'un *peuple n'a jamais que le gouvernement qu'il mérite.*

Si cet aphorisme politique est l'expression de la vérité, le peuple français est descendu bien bas; car le régime sous lequel nous vivons cessera bientôt d'avoir un nom dans les langues humaines.

On a parlé de gâchis, d'incapacité, de désorganisation militaire, de gaspillages, de tripotages, de despotisme, d'ambitions malsaines, de bohèmes enrichis aux dépens des contribuables, de mauvaise foi officielle, de duperie électorale, d'illégalités ministérielles, de virements de fonds, etc., etc., etc.

Nous avons tout cela et bien d'autres choses encore qu'il serait trop long d'énumérer.

Eh bien, cet ensemble de monstruosités constitue ce que le citoyen Gambetta, duc de Charonne, Longjumeau et autres lieux, a baptisé du nom harmonieux de *République athénienne*.

Ici encore j'appuierai mes affirmations de preuves irréfutables.

Que penseriez-vous d'un négociant qui, pendant huit ou dix ans, ne songerait même pas à faire un inventaire, bien qu'il vît son passif augmenter à vue d'œil ?

Vous seriez d'avis qu'il ne mérite aucune confiance, et vous ajouteriez que le jour où il ne pourra plus faire face à ses échéances, le tribunal de commerce aura le bon esprit de le mettre en état de banqueroute frauduleuse.

A part les échéances, que les contribuables continuent à payer, en se saignant aux quatre veines, le gouvernement que nous avons le triste honneur de posséder ressemble à s'y méprendre à mon commerçant de fantaisie.

Savez-vous depuis combien de temps nos seigneurs et maîtres ont cessé de régler les comptes des exercices clos ?

Lisez attentivement : 1880, à régler ; — 1879, à

régler; — 1878, à régler; — 1877, à régler; — 1876, à régler; — 1875, à régler; — 1874, à régler; — 1873, à régler; — 1872, à régler; — 1871, à régler; — 1870, à régler.

Auriez-vous supposé que des hommes d'Etat, que des législateurs, chargés par le corps électoral des intérêts du pays, pussent être oublieux à ce point des devoirs qui leur incombent?

Loin d'être réglé, l'*exercice de* 1870 *n'a pas encore été mis en discussion*.

Serait-ce parce qu'en abordant les comptes de cette année et de l'année suivante, il eût fallu que Gambetta, le dictateur en expectative, le César que les 363 réservaient à la France, s'expliquât devant le pays sur les 242 millions disparus pendant qu'il exerçait le pouvoir à Tours et à Bordeaux?

***

Voulant nous persuader que la République opportuniste est le gouvernement des sages économies, les écrivains de la presse entretenue..... aux frais du budget ne cessent de nous répéter que la Chambre défunte a réduit les impôts de 300 millions.

Les scribes de l'ex-pompier de Barcelone oublient d'ajouter qu'après avoir opéré ce dégrèvement de 300 millions, on a augmenté les dépenses de 500 *millions*.

De telle sorte que les économies réalisées par les 363 et le ministère d'incapables que Gambetta honorait de ses conseils se réduisent à une *dépense* inattendue de 200 millions.

Voilà ce que l'on entend de nos jours par *dégrèvement d'impôts*.

*
* *

Pendant plus de six mois, les feuilles domestiquées nous ont battu et rebattu les oreilles de la réduction de la taxe qui pèse sur les vins.

Sàvez-vous ce qu'il faut penser de cette plaisanterie de mauvais goût?

Le voici :

En 1840, la moyenne de l'impôt sur les boissons était de 2 fr. 54 c. — En 1859, elle s'était élevée à 4 fr. 85.

Aujourd'hui, grâce au dégrèvement dont les Opportunistes se font un titre de gloire auprès des consommateurs, nous ne payons plus que..... 11 francs!

C'est pour rien!

*
* *

Des vignes à l'agriculture il n'y a qu'un pas, si tant est qu'il y ait un pas.

Voyons quelles sont les charges du cultivateur.

La propriété foncière ne paie pas moins de 695 millions au Trésor. Ces 695 millions sont prélevés sur les sueurs de l'ouvrier des champs, sur les modiques revenus du petit propriétaire et du fermier.

Le ministère de la guerre et celui de la marine absorbent à eux seuls 737 millions.

C'est beaucoup.

Si, du moins, nous avions à ce prix une armée solide et bien organisée.

Mais non, la guerre de Tunisie est venue dissiper toutes les illusions et prouver aux plus sceptiques — je parle de ceux qui sont de bonne foi — que le désarroi est complet.

Quand on a vu à l'œuvre le général Farre, on n'ose

plus reprocher ses *boutons* de guêtre au maréchal Lebœuf.

Nous devons la découverte de ce crustacé à Gambetta, qui en a fait son homme de confiance, comme nous lui devons Constans, l'homme à la vidange, et le citoyen Cazot, qui joint à la haine des congréganistes une horreur instinctive du savon.

Avouez que Gambetta se connaît en hommes.

Les 695 millions que le gouvernement prélève sur l'agriculture peuvent se décomposer ainsi :

265 *millions* 500 *mille francs* pour l'impôt foncier et les centimes additionnels;

44 *millions et demi* pour la contribution personnelle et mobilière ;

282 *millions et demi* pour l'enregistrement et le timbre.

4 *millions* pour la taxe de mainmorte ;

42 *millions et demi* pour les portes et fenêtres ;

57 *millions* pour la prestation en nature, ou ce que l'on appelait autrefois la *corvée*, ce qui prouve que nous sommes toujours taillables et corvéables à merci (1).

Le cultivateur paie, en outre, l'impôt sur les boissons, l'impôt sur le sucre, l'impôt sur le sel, l'impôt sur le café, etc.

Que l'on ose dire après cela que la République opportuniste ne protège pas l'agriculture !

*
* *

On a bien des fois parlé de la fureur avec laquelle les fruits secs du barreau, de la médecine et de l'enseignement montent à l'assaut des emplois publics,

(1) Voir la *Patrie* de juillet et août 1881, pour plus amples détails.

depuis que nous sommes gouvernés par la camarilla du Quatre-Septembre. Mais on ne sait pas généralement combien de millions absorbent ces parasites.

Eh bien, il faut que le public soit une fois pour toutes renseigné sur ce point.

L'administration française coûte 76 *millions* 992 *mille francs de plus que sous l'Empire.*

Mais il paraît que le nombre de ceux qui veulent à tout prix émarger au budget va chaque jour grandissant; car, obligés de satisfaire ces solliciteurs affamés, nos gouvernants n'ont rien trouvé de mieux que de révoquer les anciens fonctionnaires et de les remplacer par les *nouvelles couches.*

Le crédit des pensions s'en est accru dans des proportions énormes. De ce chef seulement nous dépensons 14 millions, 984 mille 200 francs de plus qu'en 1871.

Ce chiffre ajouté au précédent forme un total de 91 millions 976 mille 200 francs que nous n'avions pas à payer sous le règne du tyran. Conclusion : La République est un gouvernement à *bon marché.*

***

Voulez-vous avoir une preuve de plus de cette vérité ? Eh bien, la voici :

Le budget de la dernière année du gouvernement impérial s'élevait à 2 milliards 152 millions 714 mille 993 francs. — On se plaignait, et avec raison.

En 1876, celui de la République était de 2 milliards 649 millions 500.000 francs.

Nous subissions, à cette époque, les tristes conséquences de la guerre de 1870.

On eût dû, le bon sens l'indique, ne plus aggraver nos charges, car elles étaient déjà trop lourdes.

Ce n'est pas ce qu'ont pensé nos gouvernants.

Cela est si vrai, que le budget de 1882 dépasse le budget de 1870 de un milliard huit cents millions, et celui de 1876 — de un milliard trois cent trois millions, deux cent quatorze mille neuf cent quatre-vingt-treize francs.

Après cela, je n'hésite pas à répéter avec M. Allain-Targé, dans son discours du 11 juillet 1879 :

« Je crois pouvoir affirmer qu'aucune nation n'est soumise, en Europe, ni dans le monde, à une pression pareille de l'impôt. »

L'orateur aurait fait preuve de franchise en ajoutant : « Et cette situation est incontestablement le « résultat de notre politique de casse-cou. »

IV

Où l'auteur croit devoir indiquer à ses lecteurs la marche que vont suivre les événements, si rien ne se met en travers des *réformes* projetées par les Arrière-Loges.

Les Hautes-Loges sont plus puissantes qu'on ne le croit, grâce aux influences dont elles disposent auprès de *tous les gouvernements.* Plus d'un Etat monarchique a subi leur impulsion, depuis la fin du dix-huitième siècle, sans parler de ceux qui la subissent encore.

L'Opportunisme ne répond pas, je crois pouvoir l'affirmer, aux *desiderata* de la secte.

Les partisans de Gambetta appartiennent à peu près

tous à l'élément bourgeois et composent ce que l'on nomme les *bornés* et les *enthousiastes*.

Ce n'est pas dans cette cohue qu'il faut chercher les initiés proprement dits. Les Loges de la Maçonnerie extérieure ne laissent pas, néanmoins, que d'être fort utiles.

Ce sont elles qui préparent la voie aux *vrais réformateurs*, en prêchant tantôt l'indifférence religieuse et tantôt la haine de l'Eglise.

Relativement aux questions sociales, il y aurait imprudence à trop exiger d'elles.

C'est pour ne pas avoir assez ménagé la timidité soupçonneuse des busards, que les chefs de l'Ordre ont vu maintes fois leurs projets de *réforme* compromis. Les plus habiles capitaines ne peuvent rien, si les troupes font défection.

Les Arrière-Loges ne veulent pas de Gambetta, et ne négligent rien pour le discréditer ; mais ont-elles vraiment le désir de lui fermer l'accès du pouvoir ? Je ne le crois pas, car il peut être encore utile. Elles craignent seulement qu'appuyé sur l'élément bourgeois il ne parvienne à s'emparer de la dictature.

D'autre part, elles se demandent ce qui arriverait si les Intransigeants devenaient tout à coup les maîtres de la situation.

Tout serait peut-être à recommencer comme après la Commune.

Un ministère Gambetta ne leur répugne donc pas absolument. Elles l'accepteront même avec une sorte de joie, mêlée de circonspection.

Elles espèrent, d'ailleurs, que M. Grévy refusera de capituler, mieux inspiré ou mieux conseillé que le maréchal de Mac-Mahon qui, de guerre lasse, abandonna la présidence.

Mais avant que n'expirent les pouvoirs de M. Grévy, Gambetta aura cessé d'être populaire.

Le tempérament du personnage est trop connu pour qu'il soit possible de concevoir un doute à ce sujet.

La majorité de la Chambre est acquise à l'outrancier; cette majorité toutefois ne sera ni assez compacte ni assez courageuse pour braver le courant démocratique représenté par l'extrême gauche et cette partie de la presse qui lui sert de porte-voix.

Le seul terrain sur lequel Gambetta puisse s'aventurer sans redouter un échec est celui-là même qu'il a indiqué à diverses reprises.

Il poursuivra donc l'œuvre de la persécution religieuse.

1° Après avoir fait disparaître les écoles cléricales qui ont échappé aux coups de Jules Ferry, il songera à supprimer dans les établissements de l'Etat toute espèce d'enseignement religieux.

2° Il ne dénoncera pas le Concordat au Saint-Siège, mais il ne négligera rien pour en éluder les obligations. Son but est d'imposer aux Chambres la suppression partielle du budget des cultes, et il réussira sûrement, si les prochaines élections sénatoriales sont de nuance opportuniste.

3° Il fera voter une loi sur la liberté d'association; mais les membres du clergé tant séculier que régulier en seront formellement exclus.

4° Les cimetières seront laïcisés. Les sépultures catholiques devront se faire sans le concours apparent du prêtre, afin de ne pas *froisser la liberté de conscience* de messieurs les libres-penseurs. Les familles chrétiennes revendiqueront le droit d'avoir un lieu de sépulture qui soit leur propriété, sans qu'elles puissent l'obtenir.

5° La loi sur le mariage sera modifiée dans le sens du divorce. La Maçonnerie suppose que, d'ici à quelques années, les écoles sans Dieu aidant, les époux qui demanderont la bénédiction nuptiale deviendront de plus en plus rares.

6° Les manifestations extérieures du culte catholique ne devront plus être tolérées nulle part.

7° Les biens appartenant aux communautés religieuses seront confisqués au profit de l'Etat, ainsi que les propriétés diocésaines.

8° On décrètera le service militaire obligatoire pour les aspirants au sacerdoce et pour les jeunes prêtres eux-mêmes. — La présence sous les drapeaux sera de trois ans pour tout le monde.

9° La loi civile autorisera le prêtre à se marier; car la secte a horreur du célibat ecclésiastique, à cause de l'abnégation qu'il inspire et de l'esprit de discipline qu'y puise le clergé.

10° Gambetta se propose, avant tout, de centraliser le pouvoir; et il ne négligera rien pour y arriver. La centralisation a été l'idée fixe de tous les despotes. Les communes, s'il parvient à ses fins, n'auront plus qu'une existence nominale. Obtiendra-t-il ce résultat? Je l'ignore. Ce que je sais, c'est que les Hautes-Loges ont, en ce moment du moins, un goût très prononcé pour la décentralisation. Les feuilles intransigeantes et les députés de l'extrême gauche lutteront avec énergie contre les projets de loi que le chef de l'Opportunisme présentera ou fera présenter dans ce sens.

11° Gambetta essaiera d'établir l'impôt sur le revenu. Les Chambres le suivront-elles dans cette voie? Je n'oserais l'affirmer. Qui ne sait que l'intérêt est souvent l'ennemi de la discipline! Cette *réforme* est une de celles que poursuivent les chefs de la Maçonnerie. Gambetta trouvera donc un appui sérieux auprès des adversaires de la centralisation gouvernementale et administrative.

Telle est la carrière que parcourra l'Opportunisme. Il n'ira pas au delà.

Son chef s'efforcera d'asseoir sa dictature sur les ruines de la liberté. Aucun moyen ne lui répugnera, et l'emploi de la force moins que tout autre. Que les Intransigeants fassent preuve de sagesse; qu'ils évitent soigneusement ce qui pourrait fournir à leur ennemi l'occasion de recourir à l'effusion du sang; qu'ils n'oublient pas que la presse est plus que jamais une arme redoutable.

Ils auront encore des fautes à signaler, des gaspillages à flétrir, des infamies à stigmatiser. La masse des citoyens intelligents les appuiera, alors même qu'elle ne partagerait pas leurs idées politiques.

Une observation :

Ils se plaisent à faire chorus avec le Gambettisme contre les cléricaux.

Je crois pouvoir leur dire qu'en agissant ainsi ils commettent une faute. Ces manifestations antireligieuses sont blâmées dans les régions *d'où leur vient la lumière* comme absolument *inopportunes*.

Les conservateurs se divisent, eux aussi, en deux catégories parfaitement distinctes : les croyants et les indifférents.

Les croyants sont forts, parce qu'ils ont des principes et que la force est là. Ils sont aujourd'hui et ils seront demain les persécutés de l'Opportunisme. Les hommes du Pouvoir savent que le catholique ne transige pas avec sa conscience. Et c'est pour cela qu'ils s'attachent à détruire la conscience dans l'âme de l'enfant. Tel est en partie le secret de la guerre que l'on fait au Cléricalisme.

Les indifférents sont le fléau de la société, parce que la société a la sottise de compter sur eux. Sans convictions d'aucune sorte, ils laissent faire, se réservant d'acclamer le vainqueur, à quelque camp qu'il appartienne. Comme Bilboquet, ils n'ont d'autre préoccupation que celle de *sauver la caisse*, qu'ils sauvent d'ordinaire, mais qu'ils ne sauveront pas cette fois-ci.

Aux catholiques je dis également : Ne sortez pas de la légalité. Servez-vous de la presse pour démasquer vos ennemis. Parlez, écrivez, protestez. Le peuple finira par vous entendre. Le gros de la nation ne se compose pas d'internationalistes, de collectivistes et de stupides adeptes appartenant à la Maçonnerie bourgeoise.

Vos paroles et vos écrits trouveront un écho dans les âmes honnêtes. Les pères et les mères de famille qui ont conservé le sentiment de leurs devoirs seront avec vous. C'est vous dire qu'une heure viendra où le suffrage universel, reconnaissant son erreur, balaiera les sinistres cabotins qui vous tiennent actuellement le pied sur la gorge.

Quand et comment finira l'Opportunisme?

La réponse à cette double question n'est pas facile à donner, attendu que l'Opportunisme peut sombrer de trois côtés au moins.

1° Gambetta est atteint d'une manie fort dangereuse. Comme on a pu le voir, à diverses reprises, il éprouve le besoin de s'occuper des affaires d'autrui. Au surplus, il manque absolument de ce calme raisonné qui fait la force des hommes d'Etat. Ne nous jettera-t-il pas dans quelque complication avec l'étranger? Si cela arrivait, étant donnée la désorganisation de notre armée, la France aurait tout à craindre d'une nouvelle invasion.

2° Gambetta est en butte à la haine des Intransigeants. Il essaiera de les briser; mais qu'il y prenne garde! Ses adversaires sont plus forts qu'il ne le croit, et rien ne prouve qu'il sortira victorieux de la lutte. Les chefs du parti, instruits à l'école du malheur, sauront agir avec prudence. Je crois pouvoir affirmer qu'ils ne s'exposeront pas à retourner à Nouméa ou à revoir le poteau de Satory. Si Gambetta succombait dans ce duel à mort, nous aurions tout à la fois les étrangers et le socialisme collectiviste.

3° Gambetta possède la rouerie italienne, mais il n'a pas l'habileté d'un vrai politique. Une fois au pouvoir, il commettra d'autant plus de fautes, qu'il est incapable d'écouter un sage conseil. Il n'admet pas que sa haute capacité puisse être mise en défaut.

La nation consentira-t-elle à supporter longtemps un homme dont l'insuffisance et l'absolutisme compromettront les intérêts les plus graves et les droits les mieux acquis? Rien ne le prouve. On ne peut même le supposer qu'en admettant — et je ne l'admets pas — que le peuple français est arrivé à la dernière période de sa décadence.

Le suffrage universel écœuré et indigné n'aura-t-il pas un de ces revirements qui déjouent tous les calculs et bouleversent les plus solides institutions?

Si jamais un fait de ce genre se produit, les catholiques en bénéficieront.

Enfin, la France ne doit pas oublier que les grandes puissances du Nord, voyant ce que la Révolution a de dangereux pour les Etats monarchiques, ont reconstitué la Sainte-Alliance. Les souverains alliés, auxquels vient de se joindre le roi d'Italie, n'hésiteront pas, le cas échéant, à nous faire expier notre manie de propagande révolutionnaire.

Un peu plus tard je ferai connaître les *réformes* que la fraction la plus avancée des Loges veut infliger à la société.

Je m'arrête là pour cette fois. A chaque jour suffit sa peine.

Un dernier mot cependant :

Je m'engage à faire personnellement les frais d'une épée d'honneur pour le général Farre, si on parvient à découvrir 50 *hauts fonctionnaires, appartenant à la catégorie des amovibles,* qui ne soient pas francs-maçons ou parents rapprochés de francs-maçons.

FIN

Extrait du Catalogue

Almanach Saint-Chéron, pour 1882

Format in-8. — Prix : 0 fr. 50; *franco-poste :* 0 fr. 60.

Parmi les trois cents almanachs qui paraissent sous des titres différents existait une lacune. Il fallait à l'Union monarchique un *compendium* des événements de l'année. L'honorable M. de Saint-Chéron qui, depuis trente-cinq ans, dirige avec tant de talent et d'autorité la *Correspondance royaliste*, céda à de pressantes sollicitations. Voilà comment fut fondé, il y a trois ans, l'*Almanach Saint-Chéron*.

L'édition de 1882 est mieux soignée encore que les deux précédentes accueillies avec tant de faveur dans le monde royaliste et catholique. D'éminents artistes ont dessiné et gravé deux scènes émouvantes de l'année : la réception des Slaves par Léon XIII, au Vatican, et la translation des restes de Pie IX dans la nuit du 12 au 13 juillet.

En tête de l'*Almanach Saint-Chéron*, on admire le beau portrait de M. le comte de Chambord, à cheval, en grande tenue militaire; ce portrait est l'œuvre du peintre Porion, la gravure est de Léon Chayron, deux célébrités artistiques.

La variété des articles politiques, historiques, littéraires et scientifiques contenus dans l'Almanach le met à la portée de tout le monde et permet de le répandre avec succès pour les nobles causes de l'Eglise et de la Monarchie.

L'Expulsion des Dominicains à Saint-Maximin en Provence

ÉPISODE HISTORIQUE ET DRAMATIQUE EN UN ACTE, EN VERS,

par **J. GUILLERMIN**

In-8. — Prix, *franco-poste :* 0 fr. 25.

Sous une forme heureuse, l'*Expulsion des Dominicains à Saint-Maximin* donne d'un des attentats du 30 octobre un récit nouveau, vibrant, réellement dramatique. Il fait assister à l'événement, en déroule, sous les yeux, toutes les scènes, en met au cœur toutes les émotions.

Nous ne saurions trop recommander cette œuvre piquante, du souffle chrétien le plus pur, du plus poignant intérêt. — Protestons contre l'injustice. Il en restera toujours quelque chose.

BIBLIOTHÈQUE DU DIMANCHE

Collection in-18 jésus*, franco-poste : 3 *fr. le volume.

Au moment où il est fait tant d'efforts pour la diffusion des mauvaises lectures qui se répandent de plus en plus, nous avons cru faire œuvre utile en fondant la *Bibliothèque du Dimanche*, qui sera composée d'ouvrages absolument irréprochables pour le fond, d'un mérite littéraire *choisi* et pouvant convenir aux familles chrétiennes, aux maisons d'éducation et aux bibliothèques paroissiales. — Il paraîtra dix à douze volumes par an.

OUVRAGES PARUS :

Les Coiffes de sainte Catherine, par Raoul de Navery, 1 vol.

Le roman *Les Coiffes de sainte Catherine* est un de ceux qui mettent le plus en lumière les qualités propres au talent de cet auteur si populaire. Les côtés dramatiques de l'action se fondent dans des scènes d'une délicatesse exquise. Il se trouve naturellement, dans un livre portant ce titre, un grand nombre de portraits de femmes ; l'auteur a personnifié dans chacune de ses créations une des raisons pour lesquelles les jeunes filles prennent et gardent ces « coiffes de sainte Catherine », depuis l'attristante pauvreté, jusqu'à la faute du père dont l'une d'elles porte le poids; de la vocation religieuse qui met sur le front de la première le voile des novices, jusqu'à la laideur qui semble vouloir en conduire une autre à la solitude. Enfin, dominant ce groupe, une jeune fille réunissant tous les talents à toutes les grâces, et prenant ces « coiffes de sainte Catherine » parce que la gloire est venue, et qu'elle porte, suivant Mme de Staël, le deuil éclatant du bonheur. Un grand et légitime succès sera fait aux *Coiffes de sainte Catherine*.

héroïque les vertus cardinales, cherchant, disons-nous, une règle de conduite, qui peut trouver, dans ces *Actes des Saints*, l'étude la plus édifiante et la plus instructive ; mais encore le théologien, l'historien, l'archéologue, le littérateur, l'artiste peuvent y puiser des trésors. Rosweyde, Bolland, Henchen, Papebroch, et les savants religieux, leurs continuateurs, ne se sont pas bornés à porter les investigations de la critique dans les légendes des siècles primitifs du Christianisme : en transplantant, comme on l'a dit en un langage poétique, « les fleurs des saints », du sol de la foi dans le sol de la science, ils se sont en même temps appliqués à grouper, autour de leurs héros, dégagés des récits merveilleux, toutes les connaissances et tous les événements de leur époque : de sorte que, par exemple, dans la vie de saint Grégoire de Nazianze, on suit un cours sur l'architecture byzantine, ou, dans la vie de sainte Angèle de Foligno un traité de la nature de Dieu. Quelle théologie dogmatique et morale ne formerait-on pas avec les paroles de tous ces grands serviteurs du Christ ! Quelles lumières ce recueil n'offre-t-il pas à l'histoire et à l'archéologie: mœurs, costumes, monnaies, armes, architectures, industrie, commerce, peinture, sculpture, etc. ! Le littérateur et l'artiste, eux-mêmes, ont là, l'un, des modèles de style naïf et touchant; l'autre, pour ses statues ou ses tableaux, les motifs de l'inspiration la plus pure et la plus idéale.

Mgr Guérin, camérier de Sa Sainteté, a voulu mettre à la portée de tout le monde, pour le format, pour le prix, pour la langue, le grand ouvrage des *Acta Sanctorum*. Le laborieux prélat a passé près de vingt ans à ce travail de traduction et de condensation, qui a paru, pour la première fois, en 1858, sous le titre des *Petits Bollandistes*. Un succès prodigieux vint aussitôt récompenser ses efforts : et c'est la septième édition, revue, corrigée, augmentée, définitive, que les jeunes et intelligents libraires, MM. Bloud et Barral, offrent aujourd'hui au public. Il n'était pas facile de réduire les Bollandistes : leur lecture est déjà à elle seule d'une longueur effrayante.

Mgr Guérin s'est tracé un plan logique et clair : il donne, pour chaque jour de l'année : 1° le martyrologe romain annoté d'après Baronius, et complété par des commentaires ; 2° le martyrologe de France comprenant, outre la France actuelle, l'Alsace, la Lorraine, les provinces rhénanes, la Belgique, la Suisse, avec l'indication des faits religieux intéressant ces pays ; 3° les martyrologes de tous les Ordres religieux ; 4° un supplément à ces divers martyrologes ; 5° enfin, les biographies des principaux saints mentionnés dans l'un ou dans l'autre. De sorte que l'on peut choisir, pour sa lecture quotidienne, parmi cinq ou six biographies ; cette remarque est à l'adresse des personnes préoccupées surtout de pensées mystiques.

Ce plan diffère assez notablement de celui des *Acta Sanctorum ;* aussi l'auteur a-t-il cru pouvoir, tout en faisant de son travail, comme le titre l'indique, un abrégé des Bollandistes, recourir aux autres sources : Surius, Tillemont, Ribadeneira, Giry, Baillet, Voragine, Godescard, etc. Il s'est appliqué à expurger les *Acta Sanctorum*, s'il est permis de parler ainsi, des fils de la *Légende dorée*, qui s'étaient glissés à la faveur des préjugés des divers âges où il a été écrit, dans ce grand ouvrage. On peut donc dire que les *Petits Bollandistes* sont, aujourd'hui, le résumé le plus complet de la science hagiographique.

On ne peut pas se dissimuler que les compilations de ce genre ont un défaut. Les physionomies, si singulières, si intéressantes, des saints, perdent de leur originalité : tracées par cent plumes diverses, elles faisaient l'effet de ces galeries de tableaux, où le regard contemple les chefs-d'œuvre de tant de peintres qui ont mis toute leur âme sur la toile; reproduites toutes par le même écrivain, obligé de faire passer dans son esprit l'évocation de personnages si nombreux, elles ont des tons un peu gris et un peu monotones. Mais cette critique n'a rien de particulièrement propre aux *Petits Bollandistes*. On doit même dire que Mgr Guérin a su, par son talent élégant et nerveux, corriger autant que possible cette faute inéluctable. La plupart des biographies ont conservé toute leur fraîcheur, beaucoup ont acquis des couleurs nouvelles.

En somme, Mgr Guérin est sorti avec honneur d'une entreprise plus que difficile. Et, après tout, quelles que soient les lacunes forcées de ce que nous appellerons leur côté esthétique, *les Petits Bollandistes* ont le mérite de mettre les *Acta Sanctorum* à la portée de tous, de vulgariser leurs enseignements théologiques, historiques, archéologiques, artistiques; et, enfin, d'offrir, sous une forme littéraire et scientifique, aux foyers où se conservent les saines traditions de l'existence patriarcale, une lecture abondante et attachante, où, à la fois, en se retrempant aux règles du devoir, les familles s'initieront aux connaissances les plus variées et les plus fécondes. LOUIS TESTE.

AVIS IMPORTANT : *Afin de faciliter l'acquisition de ce précieux ouvrage, les personnes qui voudront bien nous fournir des références sur leur solvabilité auront la faculté d'en solder le montant à raison de quinze francs par trimestre ou trente francs chaque six mois* **(prière d'indiquer le mode de paiement qu'on préfère).**

APOLOGIE DU CHRISTIANISME

PAR FRANZ HETTINGER

Docteur en philosophie et en théologie, Professeur de théologie à l'Université de Wurtzbourg

Traduction de l'allemand, par M. Julien LALOBE DE FELCOURT, licencié en droit, et M. J.-B. JEANNIN, Préfet des études au collège de l'Immaculée-Conception de Saint-Dizier.

5 vol. in-8 carré, sur papier vergé. — Prix, *franco* : **25** fr.

« Nous ne pouvons que bénir Dieu en voyant cet ouvrage se publier et se répandre. Nous invitons les ecclésiastiques et tous ceux qui ont à cœur la solide instruction pour eux-mêmes ou pour les autres, à en faire leur profit. C'est une des meilleures œuvres de la littérature catholique, si riche cependant. L'auteur a étudié à fond les plaies et les besoins de notre siècle, la démolition de la religion par le rationalisme, la guerre faite à notre foi et à nos dogmes au nom de toutes les sciences humaines; et à tous ces maux il a voulu apporter un remède efficace en montrant la foi en harmonie avec toutes les idées du monde intelligent, en redressant les fausses théories, en pénétrant dans la vie de l'esprit, agitée de tant de discordes intestines, pour y apporter le salut et la paix. »

(*Civiltà Cattolica.*)

GAZETTE DU DIMANCHE

(REVUE HEBDOMADAIRE)

FRANCE : 1 an................ 10 fr. | EUROPE : 1 an................ 13 fr.

Exposons brièvement le plan de la *Gazette du Dimanche,* qui d'*emblée* a conquis un des premiers rangs parmi les publications et revues de propagande. Chaque numéro contient :

1° La biographie sous la forme la plus attrayante, *la forme anecdotique,* d'un bienfaiteur du peuple, d'une gloire de la France, d'un grand serviteur de l'Eglise : soldats, prêtres, religieux, magistrats, orateurs, écrivains, artistes, etc.

Nous publions ainsi une galerie suivie des ILLUSTRATIONS du dix-neuvième siècle.

Les biographies sont une des meilleures manières de faire connaître l'histoire, et celles publiées par la *Gazette du Dimanche* sont complètes et assez étendues pour ne rien perdre de leur intérêt.

Ces biographies sont toutes dues à la plume d'écrivains spéciaux et de premier ordre.

Ainsi ont paru les biographies suivantes : LÉON XIII, par Louis Teste; — LE GÉNÉRAL VINOY, par le général Ambert; — LE FRÈRE PHILIPPE, par J. d'Arsac ; — MONTALEMBERT, par H. Fourier; — DROUOT, par le général Ambert; — LA SŒUR ROSALIE, par J.-H. Olivier; — JASMIN, par C. d'Arvor; — LA COMTESSE DE CHAMBORD, par Prosper Vedrennes; — LE MARÉCHAL MONCEY, par le général Ambert; — ARMAND DE MELUN, par Dom Piolin; — LAMARTINE, par d'Arsac; — LAMORICIÈRE, par A. Rastoul.

Et paraîtront successivement : LACORDAIRE, par Henry Cochin; — GUÉRANGER et OZANAM, par Dom Piolin; — EUGÉNIE et MAURICE DE GUÉRIN, par C. d'Arvor; — BERRYER, par O. Chambon; — SAINT-ARNAUD, BUGEAUD et PÉLISSIER, par le général Ambert; — COCHIN, par G. Pinta; — O'CONNEL, par H. Fourier; — Louis VEUILLOT, par H. de Mongeot; — LES DEUX LAMENNAIS, par H. Olivier; — GUIZOT, par Ch. Nioré; — LES DEUX DE MAISTRE, par de Meurville; — THIERS, par Villefranche, l'auteur si populaire de PIE IX; — GUIRAUD et SOUMET, par Le Falcou, etc., etc.

2° Des nouvelles d'une irréprochable moralité en même temps que d'un vif intérêt, pour lesquelles nous avons le concours assuré des meilleurs conteurs catholiques : Aimé GIRON, Raoul DE NAVERY, Claire DE CHANDENEUX, BOURDON, MARYAN, BLANDY, etc.

Cette partie de la Revue s'harmonise parfaitement avec l'ensemble de nos autres travaux, car nos auteurs savent toujours attacher une idée sérieuse à leurs récits, tour à tour gracieux et émouvants.

3° Une chronique du bien, autrement dit des récits, des faits, des bons exemples, récents et propres à intéresser nos lecteurs.

4° Des maximes, proverbes, etc.

5° Une partie purement récréative : des historiettes, des bons mots, etc.

6° Une revue de la semaine, qui, dans sa brièveté, enregistre tous les faits intéressants.

7° Enfin : variétés, science vulgarisée, voyages, bibliographie, etc.

Les principaux journaux conservateurs et catholiques, l'*Union, Paris-Journal,* l'*Univers,* la *Civilisation,* etc., ont recommandé la *Gazette du Dimanche* par des articles très élogieux. Ils sont unanimes notamment à reconnaître ce que son programme a de réellement utile et intéressant pour les familles, les cercles et bibliothèques pour la jeunesse et à louer SON RARE MÉRITE LITTÉRAIRE qui lui crée une place A PART parmi les diverses publications de ce genre.

Nous ne citerons que l'appréciation suivante du journal *la Mode française :*

On me signale un nouveau journal dont les numéros déjà parus m'ont semblé extrêmement intéressants : aussi je me hâte de l'indiquer aux familles qui cherchent de bonnes et saines lectures, l'utile et l'agréable sous une forme littéraire et soignée. La *Gazette du Dimanche* contient des Biographies contemporaines, très bien rédigées, pleines d'intérêt et d'actualité, des Variétés morales et historiques tour à tour, et des Romans dont l'esprit et le style peuvent satisfaire toutes les exigences des esprits sains et honnêtes. Les noms dont elle est signée sont du reste éminemment sympathiques au public : elle compte parmi ses collaborateurs MM. Louis Teste, général Ambert, Charles de Meaux, Laurentie, Rastoul, Henry Cochin, Raoul de Navery, Claire de Chandeneux, Maryan, Bourdon, Blandy, etc.

Sous le rapport de la rédaction, la *Gazette du Dimanche* n'a rien à envier aux publications les plus en renom.

Voici la liste de ses principaux collaborateurs : MM. Louis TESTE. — Général AMBERT. — Charles DE MEAUX. — A. RASTOUL. — VILLEFRANCHE. — LAURENTIE. — Dom PIOLIN. — D'ARSAC. — Henry COCHIN. — Aimé GIRON. — MARION. — G. PINTA. — V. DUVAL. — Th. DE CAER. — Raoul DE NAVERY. — Claire DE CHANDENEUX. — BOURDON. — C. D'ARVOR. — MARYAN. — BLANDY. — DE BEAULIEU. — Blanche DE RIVIÈRE.

HISTOIRE DE L'ÉGLISE CATHOLIQUE EN FRANCE

D'APRÈS LES DOCUMENTS LES PLUS AUTHENTIQUES

Depuis son origine jusqu'au concordat de Pie VII, par Mgr JAGER

Ouvrage revu et approuvé à Rome par une Commission spéciale nommée par N. S. P. le Pape et honoré d'un bref de Sa Sainteté. — 21 volumes, chacun de plus de 500 pages. — Prix : 100 fr.; net : 75 fr. — Nota : Le tome XXIe (tables) se vend séparément; net : 6 fr.

Un livre se recommande tout seul quand ce livre peut exhiber les titres que nous présente l'œuvre considérable que Mgr Jager a reprise en sous-œuvre, remaniée heureusement et complétée. — Commencée d'abord au XIIIe siècle, par le P. de Longueval, jésuite, qui n'en put achever que 8 volumes, continuée par les PP. Fontenay et Berthier, cette histoire, nonobstant certains défauts qui appelaient une révision attentive, était indiquée par son mérite reconnu à l'attention de l'écrivain zélé et savant qui a voulu mettre aux mains du clergé et des fidèles un livre d'étude et d'enseignement qui pût, à tous les points de vue, mais surtout quant à l'orthodoxie, être recommandé avec une sécurité entière.

Voilà pourquoi, ayant conçu le plan de cette laborieuse entreprise, Mgr Jager eut, en même temps, la pensée de soumettre son travail au contrôle de Rome. Il assurait ainsi à son œuvre le plus nécessaire des mérites et le meilleur gage de succès. Le travail ayant été consciencieux, a été long, et la publication de cette histoire aura duré plus de quinze ans : commencée en 1860, elle vient d'être achevée par le 21e volume, qui renferme une table générale des matières, fort bien faite, par M. Lecoy de la Marche.

La révision d'une commission romaine et un bref du Souverain-Pontife ne nous laissent rien à ajouter, car nous ne pensons pas qu'il soit besoin de démontrer l'utilité et l'intérêt d'un pareil livre. Qui ne comprend qu'à côté des histoires universelles de l'Eglise que nous possédons, l'histoire développée de l'Eglise catholique en France a sa place marquée dans toute bibliothèque ecclésiastique ou laïque? Pouvons-nous nous contenter, pour ces annales si glorieuses et si fécondes, de maigres abrégés? N'oublions pas non plus que nous avons plus que jamais besoin de ces fortes et longues lectures qui instruisent et font réfléchir ; elles sont aujourd'hui trop rares, et cela explique que tant d'esprits soient si faiblement pénétrés, même de ce qu'ils croient ou de ce qu'ils savent.

Dans les temps que nous traversons, et en face d'un avenir où l'on peut entrevoir des épreuves redoutables, il est sage de fourbir ses armes et de retremper son âme; et si nous voulons tous, tant que nous sommes, dans la modeste mesure de nos forces, travailler à refaire une France chrétienne, rapprenons donc, car nous ne le savons plus assez, en relisant son histoire, ce que c'était que la fille aînée de l'Eglise. (Journal LE MONDE.)

Histoire de Marie Stuart, reine de France et d'Ecosse, par J.-V. Petit, 2 vol. in-8 carré. — Prix, *franco-poste :* 10 fr.

Le pontificat de Pie VI et l'athéisme révolutionnaire, par M. I. Bertrand, avec la collaboration de M. le chanoine Sauret, du diocèse de Gap, et de M. l'abbé Clerc-Jacquier, du diocèse de Grenoble. 2 beaux vol. in-8, sur papier vergé, avec portrait. — Prix, *franco-poste :* 10 fr.

Bar-le-Duc — Typ. — L. Philipona et Cie — 1043

Bar-le-Duc — Typ. — L. PHILIPONA et Cie — 1092

www.ingramcontent.com/pod-product-compliance
Lightning Source LLC
Chambersburg PA
CBHW072023080426
42733CB00010B/1798

* 9 7 8 2 0 1 2 6 3 7 5 5 9 *